国家级横向课题：网络中文课堂项目
西安科技大学高新学院校级教育教学改革研究特设专项：
汉语国际传播视角下的东南亚地区第二语言推广研究

对外汉语
重点语法教学研究

陈苗　李叶　孔娟　杜飞　慕涛◎著

西南财经大学出版社

中国·成都

图书在版编目(CIP)数据

对外汉语重点语法教学研究/陈苗等著.—成都:西南财经大学出版社,
2023.5
ISBN 978-7-5504-5737-9

Ⅰ.①对… Ⅱ.①陈… Ⅲ.①汉语—语法—对外汉语教学—教学研究
Ⅳ.①H195.3

中国国家版本馆 CIP 数据核字(2023)第 062961 号

对外汉语重点语法教学研究
DUIWAI HANYU ZHONGDIAN YUFA JIAOXUE YANJIU

陈苗　李叶　孔娟　杜飞　慕涛　著

责任编辑:李思嘉
责任校对:李　琼
封面设计:墨创文化
责任印制:朱曼丽

出版发行	西南财经大学出版社(四川省成都市光华村街 55 号)
网　　址	http://cbs.swufe.edu.cn
电子邮件	bookcj@swufe.edu.cn
邮政编码	610074
电　　话	028-87353785
照　　排	四川胜翔数码印务设计有限公司
印　　刷	四川五洲彩印有限责任公司
成品尺寸	170mm×240mm
印　　张	13
字　　数	270 千字
版　　次	2023 年 5 月第 1 版
印　　次	2023 年 5 月第 1 次印刷
书　　号	ISBN 978-7-5504-5737-9
定　　价	78.00 元

序

    1978 年以后，对外汉语教学被确立为一门独立的学科，在教学理论、教学体制、教学法研究、教材编写、水平测试和师资培养等方面，为建构合乎中国文化国情和汉语言文字特点的对外汉语教学体系而不断做出努力和不断取得成果。对外汉语语法教学是整个对外汉语教学的一个重要组成部分，搞好对外汉语语法教学需要解决两大问题：一是"教什么"，二是"怎么教"。2021 年 3 月《国际中文教育中文水平等级标准》（GF0025—2021）（以下简称《标准》）由教育部、国家语言文字工作委员会正式发布，《标准》成为国际中文相关标准化、规范化语言考试的命题依据以及各种中文教学与学习创新型评价的基础性依据，也为世界各地国际中文教育的总体设计、教材编写、课堂教学和课程测试提供了参考，还为"互联网+"时代国际中文教育的各种新模式、新平台的构建提供了重要依据，是我国首个面向外国中文学习者、全面描绘评价学习者中文语言技能和水平的规范标准。在语法教学方面，《标准》坚持问题导向，直面国际中文语法教学"老大难"问题，开创"语法等级大纲"，与"三等九级"中文水平体系形成有效对接，增强和优化了语法教学与测试的针对性、有效性。针对对外汉语教学的新变化、新调整，当然应该在本书中有所反映。我们参考了国内外新出版的一些专著、教材，采取客观、谨慎的态度，不尚新异，选择切实可靠的论点编入教材。本教材围绕对外汉语语法教学两大问题，并结合《标准》，梳理出其重点语法及语法教学范例。在联系对外汉语和对外汉语语法研究的实际方面，我们也做了一些努力，力求为对外汉语语法教材改革做一点尝试。

    最近三年，我们给西安科技大学高新学院汉语国际教育专业学生、英语专业学生讲授"对外汉语技能教学"，教学团队试用了《对外汉语重点语法教程（上）》。本书在总结试用经验的基础上，对《对外汉语重点语法教程（上）》进行了全面的补充修订。汉语国际教育专业有一系列对外汉语教学方面的课程，"对外汉语重点语法研究"是其中的重要核心课，它的任务是阐明对外汉语重点语法的基本概念、基本范畴、教学原则及教学方法，为以后学习国际中文教学法、国际中文技能教学等课程打下基础。在英语专业，"对外汉语重点语法研究"是一门对外汉语教学方向的理论课，它要求在阐述理论问题的同时，注意联系英语专业教学的实际。本书以汉语国际教育专业的要求为主，兼顾英语专业的需要。本书有一定的深度及专业特性，我们大体上以西安科技大学高新学院汉语国际教育专业二年级学生在教师的指导下能够理解并尝试进行对外汉语语法教学作为掌握的标准。部分章节的内容偏实践（如第五章"对外汉语重点语法教学范例"），老师们在教学中可酌情参考。本书也可供对外汉语教学爱好者自学之用。

本书由陕西师范大学汉语国际教育专业在读博士、西安科技大学高新学院国际教育与人文学院院长助理陈苗策划、统稿，组织西安科技大学高新学院部分汉语国际教育专业教师参与了编写工作，编写工作的分工情况如下：第一章，陈苗，李叶；第二章，慕涛，陈苗；第三章，孔娟，陈苗；第四章，李叶，陈苗；第五章，慕涛，李叶，杜飞，孔娟，陈苗；第六章，李叶，陈苗。此外，本书的编撰参考了诸多专家、学者的著述，在此表示衷心感谢！本书得到了西安科技大学高新学院领导孙龙杰、潘浩、翁连正和董世平的鼎力支持以及教务处领导胡秋实的大力协助，业内的许多专家也对本书提供了宝贵意见，对本书编撰帮助很大。西南财经大学出版社对本书的出版给予了大力支持。在此我们一并表示衷心的感谢！

在本书的编撰过程中，本人所做的只是结合《标准》对对外汉语重点语法进行选择、梳理，力图构成一个全新的系统，但由于水平所限，这一目的未必能较好地达成。书中不可能也不便处处引用原文或把所有引用的观点都注明出处，只能在书后附总的参考文献，在此向前辈和时贤表示衷心的谢意和歉意，敬请读者批评指正！

陈苗

2022 年 9 月 22 日

目 录

第一章　绪论

第一节　对外汉语重点语法研究综述

对外汉语重点语法的相关研究可以分为三个层面：①教学语法理论研究，主要研究为教授外国人汉语而制定的语法体系、语法理论及其相关问题；②语法教学研究，研究教授外国人汉语语法的原则、重难点、方法、练习以及语法偏误研究等；③语法案例研究，分析教授外国人学习汉语语法真实课堂，展示教学过程并分析教学过程，最后得出改进课堂教学的方案。下面将从五点展开对外汉语语法研究述评。

一、对外汉语语法教学理论研究

王小穹（2021）探讨了客观语法、理论语法、教学语法、语法教学等语言学理论的概念术语，理清三对概念的区别和联系，认为语法教学是高校国际汉语教育专业课程培养方案的核心内容，界定清楚语法教学相关的语言学术语的性质、内容，有助于高校制订合理的人才培养计划和提高专业老师的理论素养。卢福波（2002）指出：语法教学要实现其目的，就不能局限在语法形式的范畴内，而应以语法为基础、为主干容纳认知的、语义的、语用的等内容和方法，在教学和习得规律的控制下，形成一个完整的、融合的教学系统。邵敬敏、罗晓英（2005）提到：语法本体研究与对外汉语语法教学的关系，应该是"双向互动"的。一方面汉语语法研究必须结合对外汉语语法教学注重句法的语义分析，另一方面也必须从对外汉语语法教学中发现问题并吸取灵感。对外汉语语法教学，需要从汉语语法研究中吸取营养，而且在引入语法本体研究成果时必须化繁为简、为我所用。

二、对外汉语语法教学方法研究

彭小川等（2004）认为，不同教学法所得到的教学效果不尽相同。对外汉语语法教学应遵循教学规律和认知规律，借助艾宾浩斯遗忘记忆曲线，可最大限度调动学生的潜能。秦杰、徐采霞（2013）提出了"见字明义"的教学方法。所谓"见字明义"，是指从字面意思引申出某个词语或者语法点的意义及用法，再结合句法分布，运用相关知识，简化教学的教学法。伍敏娴（2018）认为图示教学法具有直观性、趣味性、形象性等特点，教师借助学习者普遍熟悉的符号、标识和图画等设置情境、设计任务，有助于引导学习者对知识形成直观整体的认识，符合初级阶段学生的心理和认知特点。刘丽莎（2011）针对初级阶段学生语言知识和能力严重落后其思维水平，急于表达却又常常语无伦次的矛盾，发现了交际教学法不仅能够迎合学生急功近利的心态，充分利用他们的学习热情来提高教学效率，而且也因其在初级阶段语法教学过程中高度重视向技能过渡，与实践结合的特点，大大提高了教学质量。李晓琪、章欣（2010）指出，教师应该有意识地将语法内容融入任务的设计中，而不是将语法单独呈现给学习者。语法教学要与真实的情景紧密结合，在情景中提升语言表达能力。语法教学应注重学生参与，进行启发性教学，让学生通过自主学习掌握语法规则。

三、对外汉语语法教学模式研究

崔永华（1989）提出了"结构—功能"模式。教学过程为语法点的展示—语法点的解释—语法点的练习—语法规则的归纳—语法教学的程序这样一种模式。李晓琪（2004）总结出词汇—语法教学模式。卢福波（2007）结合行为主义指导下的"刺激—反应的操练"模式和认知心理学理论指导下的"语法认知讲解"的教学模式，有效地将语法形式结构的教学与认知理解性的渗透有机结合起来，形成"认知—强化—创新"三位一体的教学模式。张洁（2019）在《"翻转课堂"教学模式在对外汉语教学中的应用分析》中提到了新的教学模式。随着互联网技术的快速发展，其逐渐渗透到社会发展的各项环节中，碎片化时间管理趋势越来越受到人们的追捧。在这一时代背景下，衍生出"翻转课堂"教学模式，相比较传统教学模式，这种新型教学模式突破时间和空间限制，其发展优势表现得更加明显，是传统教学模式的重要补充。

四、对外汉语语法教学案例研究

陶贞安（2018）针对可能补语教学进行案例展示。可能补语是第二语言学习的一个重点与难点，而培养学生的汉语交际技能，也是对外汉语语法教学的一个重要目标，课堂上教师具体可以从三方面进行针对性教学设计：教学内容应深入浅出、简化细化；活动设计应量体裁衣、难度适中；语言技能应反复操练、熟能生巧，同时要赋予其相应的交际意义。马志（2016）通过对现有慕课模式教学案例和传统模式教学案例的对比分析，对慕课教学模式及设计的完善，通过尝试进行混合式教学，来探寻慕课教学中适合对外汉语教学的教学模式和原理。阮兰芳（2011）基于中国汉语水平考试（HSK），列举了三个重点语法案例：①语气助词"了"的教学——重视句段表达。在讲解语气助词"了"的用法时，教师结合"季节进入春天"，自然引出"了"用在句末表示变化的用法。②结构助词"的"的教学——发挥儿童绘本的作用。结构助词"的"是连接定语及其中心语的，是定语的语法标志。简单的儿童绘本可以发挥很好的介入作用。③长状语的教学——游戏的巧妙参与。教师通过设计游戏让学生自然记住语法规则。

五、对外汉语语法偏误研究

语法偏误研究是与教学实践最为密切的一个语法研究领域，多年来这方面的研究取得了不少成果。主要专著有佟慧君的《外国人学汉语病句分析》（1986年）、李大忠的《外国人学汉语语法偏误分析》（1996年）、程美珍的《汉语病句辨析九百例》（1997年）、鲁健骥的《对外汉语教学思考集》（1999年）等。具有代表性的论文是鲁健骥的《运用偏误分析的理论对偏误例句进行了分类研究和成因分析》（1995年），其中偏误被分为四大类：遗漏偏误、误加偏误、误代偏误、错序偏误。该文认为从学生的学习策略来看，语法偏误主要有两大来源：母语干扰和掌握不完全的汉语知识对学习新语法现象的干扰。从教材和课堂教学方面来看，讲解与训练的失误是造成语法偏误的主要原因。其中教学失误的原因主要是：①对学生的学习过程胸中无数；②教学中的疏漏，如忽视语法教学由易到难、由简到繁的原则，语法点的切分过于粗疏等；③判断难易的失误；④难点集中。

第二节　对外汉语重点语法相关概念的界定

探讨分析对外汉语重点语法，需要了解和掌握相关的基本概念。首先，"语法"一词包含有两种含义：第一种是《现代汉语》中"语法"的概念，即人们说话的规则，或者说是组词造句的规则，它是社会约定俗成的，是客观存在的也是成系统的，是每个使用该规则的人必须遵守的。第二种是语法著作或者是语法学这门学科。语法研究者所持有的理论背景、目的、视角和方法不尽相同，对语法现象的描写和解释也会有所不同，因此，会形成不同类型的语法理论和流派。本书探讨的语法，以语法的第二种含义为主，结合实际教学，根据不同的语法理论和流派进行教学模式和教学方法的设计。

其次，需要区分的重点概念是"教学语法"和"理论语法"。"教学语法"也称为规范语法、学校语法、课堂语法等。教学语法是在语法教学中使用的语法方法，主要使用对象是海外学习中文的学生或国内学习汉语的留学生。研究者依据不同的教学对象，研究语法教学范围内的重难点以及教学技巧。教学方法、教学过程、教学技巧、练习设计、偏误分析、考试等都属于教学语法的范围。"理论语法"也称为专家语法、语言学语法等。理论语法是对语法问题进行专门的探索和研究，揭示语言中尚未被认识或认识不够充分的语法规则。理论语法强调"有所发现"，大至方法论、语法体系的探讨和建构，小至具体理论、方法的应用。理论语法是教学语法的基础，教学语法是对理论语法研究成果的普及、推广和应用，也是对理论语法的检验。两者既有区别又有联系。

因此，我们可以总结对外汉语语法的基本概念，主要针对第二语言教学的语法，学习的对象既可以是外国学生，也可以是从事或将要从事对外汉语教学工作的教师。对外汉语语法内容很多，主要包括词类（名词、数词、动词、代词、副词、连词、助词、语气词等）；短语（名词性短语、形容词性短语、动词性短语）；句法成分（主语和谓语、宾语和补语、定语和状语）；句型和句类（主谓句、陈述句、疑问句、非主谓句）；句式（把字句、被字句、连动句、兼语句、存现句、比较句）；复句等。本书所探讨的对外汉语重点语法，是在对外汉语语法内容的基础上，结合在 2021 年

7 月由教育部、国家语言文字工作委员会发布的《国际中文教育中文水平等级标准》（GF0025—2021）（以下简称《标准》），以 HSK 语法等级为纲，罗列 HSK 一至九级里常用常考的重点语法，同时将这些语法点按照传统的对外汉语语法内容进行分类。

讲解对外汉语重点语法，会涉及语法教学原则、方法等基本概念。首先，教学原则是指：根据教育教学目的、反映教学规律而制定的指导教学工作的基本要求。它既包含了教师的"教"，也概括了学生的"学"，应贯彻于教学过程的各个方面和始终。因此，教学原则反映了人们对教学活动本质性特点和内在规律性的认识，是指导教学工作有效进行的指导性原理和行为准则。教学原则在教学活动中的正确和灵活运用，对提高教学质量和教学效率发挥着一种重要的保障性作用。对外汉语语法教学的性质是让学生通过理解语法规则进而理解目的语本身并运用语法规则在交际中进行正确的表达，即遣词造句。因此，语法教学的原则重点体现在语法教学的不同方法、不同环节上。语法教学的具体方式、技巧千差万别，但是教学原则是相通的。可以笼统地概括为：实用性（教学内容和学生习得）、简约性（教学语言和规律阐释）、层级性（语法点和项目的教学顺序）、解释性（对语法规律形成的理据和认知进行必要的演绎和推论）、类比性（与汉语相近的、与母语对应的、对比错误的）、引导性（非语法知识的讲授灌输、引导学生自己归纳）等。

其次是教学方法。教学方法主要包括教师教的方法（教授方法）和学生学的方法（学习方法）两大方面，是教授方法与学习方法的统一。教授方法必须依据学习方法，否则便会因缺乏针对性和可行性而不能有效地达到预期的目的。但因为教师在教学过程中处于主导地位，所以在教法与学法中，教法处于主导地位。因此，在语法教学中，既要从教师的角度出发，提出相关的创新性教学方法，也要考虑到学生的可接受性。教学方法自古多种多样，所谓"教无定法"，就是说教师可以根据具体情况，针对不同的教材和学生，采用不同的教学方法和技巧。本书所讨论的语法教学方法包含了两个方面：一是语法规则的表述方式和方法；二是课堂语法教学的基本方法。

除了基本的教学理论，实践教学还会涉及教学案例的基本概念。教学案例通常来自日常的教学实践活动，是教师多年教学经验的收集与总结。因此，教学案例就是描述教学过程中发生的真实而又典型的事件，以及对此事件的剖析、反思与总结。这对于国际中文教学的初学者或者新手教师来说，具有非常好的参考价值和研究价值。课堂教学设计是教案编写的基础，而教案的编写过程就是把课堂教学设计的整个流程合理、恰当地表述出来。因此，经过分析、配合相关重点语法的教案，不仅可以加深老师和学生的思考而且为老师的教学和学生的学习提供一定的指导意义。

第三节　对外汉语重点语法的研究范围

语言是人类最重要的交际工具，因此培养语言交际能力是语言教学的目标，而且要让学生把语言当作交际工具来学习。语言的内部结构体系是受规则支配的、具有生成性的符号系统，必须让学习者掌握语言形式及其组合规则，才能更有效地学会这种语言。因此，专门研究对外汉语语法有助于深入掌握外国学生学习汉语的规律和容易出现的偏误。现代汉语语法种类很多，哪些是外国人学汉语时需要掌握的重要语法？面对 HSK，考题中体现的语法和现代汉语语法有哪些不同？对外汉语教师在教授语法知识时，如何站在外国学生的角度更好地解释汉语语法？这些问题是我们研究对外汉语重点语法的主要研究范围和内容。

刘珣在《对外汉语教育学引论》中说："教学语法不同于专家语法，要体现一定的规范性（规定哪种说法是对的，哪种是错的）、稳定性（为多数人所接受而不是一家之言）和实践性（要能指导语言的实际运用）。"因此，在设计本书的内容时，从 HSK 一至九级中选出外国学生容易出错的、对外汉语教师教学中重难点的语法。同时，本书对重点语法进行分类，分别从词类、句子成分、句子类型、动作的态和固定格式等几大方面进行内容梳理，将其归纳为第二章的重点语法的主要内容。第三章列举了对外汉语重点语法的基本概念，包括对外汉语重点语法教学的任务、目的、原则、特点、方法及教学过程。第四章总结了对外汉语重点语法教学的偏误和常考题型。第五章在前几章内容的基础上，选出典型的重点语法进行实际教学案例分析。语法教学案例以外国人为对象，进行从语言到言语的教学与训练，通过讲授用词造句的规则和大量言语技能的操练，包括导入、教学步骤、活动练习、作业布置以及教学建议等，展示教学步骤遵循语法教学的基本原则。例如：①通过语言对比突出语法的重点和难点。

②从句型入手，句型操练与语法知识的归纳相结合。每一个重点语法都有两到三个典型例句，操练时注重句型的变化，如重复、替换、转换（如肯定句变否定句等）、扩展（逐步增加简单句的句子成分，使之复杂化）、问答以及翻译。③由句子扩大到话语。这不仅要掌握单独的语法点，还需要进行话语教学，特别是要掌握话语的连贯与衔接。④语法结构的教学与语义、语用和功能的教学相结合。教师导入每个例句，都会提前给出情景，教会学生在什么情况下使用该语法点。⑤精讲多练，以练习为主。每个语法点都有相应的练习题，练习（包括听说和读写）应贯串于感知、理解、巩固和运用的全过程，贯串于课堂教学的每个环节。

第四节　本章小结

　　随着"汉语热"，越来越多的外国留学生开始学习汉语，与此同时，对于汉语教师的需求和要求越来越高。在对外汉语教学中，语法教学是重中之重，也是外国学生经常出现的偏误。在此背景下，本章首先对近年来关于对外汉语语法的研究进行了梳理，从对外汉语语法教学理论研究、对外汉语语法教学方法研究、对外汉语语法教学模式研究、对外汉语语法教学案例研究、对外汉语语法偏误研究几个方面进行述评。其次，本章总结了对外汉语重点语法研究中所涉及的相关概念，以及语法教学原则、语法教学方法、教学案例和教案的具体概念。第二语言语法教学的根本任务，是要帮助学习者在其要表达的范畴意义和所依托的语法形式间建立起联系。本书接下来内容安排：第二章为对外汉语重点语法的研究内容，第三章为对外汉语重点语法教学的基本概念，第四章为对外汉语重点语法教学偏误与题型，第五章为对外汉语重点语法教学范例，第六章为对外汉语重点语法教学总结与反思。

第二章 对外汉语重点语法的
研究内容

　　对外汉语语法取自汉语本体语法，但又与汉语本体语法略有不同，其更加重视汉语语法的实用性和功能性，主要作用是帮助非汉语母语者形成基本的汉语应用能力。

　　本书对于对外汉语重点语法的研究主要集中在词类、句子成分、句子类型、动作的态和固定格式几个方面，对于语法项目的选择，参考的是HSK中汉语语法的考查内容。

第一节　词类

　　本书的对外汉语语法中词类的研究主要集中在数量庞大、应用复杂的量词和副词两种词类上。

一、量词

　　量词是汉语中比较特殊的一类词，通常用来表示人、事物或动作的数量单位，一般与数词连用。大部分西方语言中没有单独分类的量词这样一个意义范畴。

　　量词的考查在 HSK 一至九级中都有涉及，依据级别考查内容数量和难度逐级增加。

　　HSK 一级：考查"杯、个、本、家、间、口、块、页"八个名量词。

　　杯：两杯牛奶

　　个：一个姐姐

本：三本书

家：一家人

间：两间房子

口：六口人

块：五块面包

页：一页纸

HSK 二级：考查名量词、动量词和时量词三种，名量词考查"层、封、件、条、位"五个量词，动量词考查"遍、次、场、回、下"五个量词，时量词考查"年、周、天、分钟"四个量词。

（1）名量词

层：七层楼

封：两封信

件：一件衬衫

条：三条裤子

位：五位老师

（2）动量词

遍：读三遍

次：去一次中国

场：哭一场

回：来两回

下：看一下

（3）时量词

年：一年

周：两周

天：三天

分钟：四分钟

HSK 三级：考查名量词和量词重叠。其中考查"把、行、架、群、束、双、台、张、支、只、种"十一个名量词，"顿、口、眼"三个动量词，量词重叠考查"家家、件件、条条、次次、回回、顿顿、天天、年年"八组。

（1）名量词

把：一把椅子

行：两行汉字

架：三架飞机

群：一群人

束：两束花

双：三双鞋

台：四台电脑

张：五张桌子

支：六支笔

只：七只鸟

种：八种颜色

（2）动量词

顿：批评一顿

口：喝一口

眼：看一眼

（3）量词重叠

家家：家家都很热闹

件件：件件都漂亮

条条：条条都很干净

次次：次次都迟到

回回：回回都迟到

顿顿：顿顿都吃

天天：天天都跑步

年年：年年都有

HSK 四级：考查名量词及借用量词。其中考查"打、袋、根、卷、棵、批"六个名量词。借用量词是指借用其他词性的词作为量词来使用，其中包含借用"碗、脸、手、屋子、桌子"五个名词作为名量词，借用"刀、针"两个名词作为动量词。

（1）名量词

打：一打啤酒

袋：一袋米

根：一根头发

卷：一卷纸

棵：一棵树

批：一批货物

（2）借用量词

①名量词

碗：一碗饭

脸：一脸水

手：一手油

屋子：一屋子人

桌子：一桌子书

②动量词

刀：切一刀

针：打一针

HSK 五级：考查"册、朵、幅、届、颗、匹、扇"七个名量词。

册：一册书

朵：一朵花

幅：一幅画

届：一届学生

颗：一颗心

匹：一匹马

扇：一扇窗

HSK 六级：考查"餐、串、滴、副、股、集、枝"七个名量词，以及"番、声、趟"三个动量词。

（1）名量词

餐：一餐饭

串：一串糖葫芦

滴：一滴水

副：一副刀叉

股：一股力量

集：一集电视剧

枝：一枝花

（2）动量词

番：讨论一番

声：说一声

趟：跑一趟

HSK 七至九级：考查"栋、粒、枚、则、盏"五个名量词，以及"人次"一个复合名量词。

栋：一栋别墅

粒：一粒药

枚：一枚鸡蛋

则：一则故事

盏：一盏灯

人次：一万人次

二、副词

副词一般指的是句子中表示行为或状态特征的词，常用来修饰动词、形容词、其他副词或整个句子，可以表示时间、地点、范围、程度、语气等概念。副词按其表达的概念可以归类为：程度副词，范围、协同副词，时间副词，频率、重复副词，关联副词等。

本节对于对外汉语语法中副词的研究主要参考了 HSK 中考查的语法内容。HSK 中对副词的考查在一至九级中均有涉及，主要分为以下几种：

1. 程度副词

程度副词，是对一个形容词或者动词在程度上加以限定或修饰的副词，一般位置在被修饰的形容词或者动词之前。

2. 范围、协同副词

范围、协同副词指的是表示范围以及附在谓词前面，表示多个体协同一致地具有谓词所表示的动作或状态的词。

3. 时间副词

时间副词表示动作发生的时间长久、短暂或动作发生的快慢的副词。

4. 频率、重复副词

频率、重复副词一般指的是表示动作发生的频率以及具有重复意义的副词。

5. 关联副词

关联副词是起关联作用的副词。

6. 否定副词

否定副词指的是表示否定的副词。

7. 方式副词

方式副词指的是用来表示行为方式的副词。

8. 情态副词

情态副词指的是表示动作行为的情貌或状态的副词。

9. 语气副词

语气副词是表示语气的副词，常用来做全句的修饰语。

HSK 一级：考查"很、非常、真、太、最"五个程度副词，"都、一块儿、一起"三个范围、协同副词，"马上、先、有时、在、正、正在"六个时间副词，"常、常常、再"三个频率、重复副词，"还、也"两个关联副词，"别、不、没、没有"四个否定副词。

（1）程度副词

很：我很好。

非常：她非常漂亮。

真：这个真好看。

太：太棒了！

最：我最喜欢游泳。

（2）范围、协同副词

都：我们都是中国人。

一块儿：我们一块儿去中国。

一起：他们一起学习汉语。

（3）时间副词

马上：我马上去。

先：你先走。

有时：我有时去游泳。

在：他在学习。

正：她正吃饭呢。

正在：他正在看电视。

（4）频率、重复副词

常：他常去饭店吃饭。

常常：她常常去北京。

再：我们明天再去。

（5）关联副词

还：他还要去。

也：我也是中国人。

（6）否定副词

别：你别去。

不：今天不冷。

没：他昨天没来。

没有：她没有吃饭。

HSK二级：考查"多、多么、好、更、十分、特别、挺、有（一）点儿"八个程度副词，"全、一共、只"三个范围、协同副词，"刚、刚刚、还、忽然、一直、已经"六个时间副词，"重新、经常、老、老是、又"五个频率、重复副词，"就"一个关联副词，"故意"一个方式副词，"必须、差不多、好像、一定、也许"五个情态副词，以及"才、都、就、正好"四个语气副词。

（1）程度副词

多：这个孩子多可爱啊！

多么：这些花多么漂亮啊！

好：这个教室好大啊！

更：这个更漂亮。

十分：今天十分热。

特别：他的孩子特别可爱。

挺：我挺好。

有（一）点儿：今天有（一）点儿冷。

（2）范围、协同副词

全：他们全来了。

一共：我们班一共有三十人。

只：我只有一本书。

（3）时间副词

刚：他刚回家。

刚刚：他刚刚还在。

还：外边还在下雨。

忽然：外面忽然下雨了。

一直：她一直在学习。

已经：他已经上班了。

（4）频率、重复副词

重新：他要重新写一遍。

经常：我们经常去图书馆。

老：我老说错。

老是：北京老是下雨。

又：今天又下雨了。

（5）关联副词

就：明天不下雨，我就去爬山。

（6）方式副词

故意：我不是故意写错的。

（7）情态副词

必须：我们必须努力学习。

差不多：机票差不多要两千块钱。

好像：今天好像要下雨。

一定：我一定要努力学习。

也许：我也许会去中国。

（8）语气副词

才：我今天九点才起床。

都：都十二点了，我们该吃饭了。

就：他一听就懂了。

正好：我的生日正好是今天。

HSK 三级：考查"比较、更加、还、相当"四个程度副词，"光、仅、仅仅、就、至少"五个范围、协同副词，"本来、才、曾经、从来、赶紧、赶快、立刻、连忙、始终、已、早已"十一个时间副词，"通常、往往、总、总是"四个频率、重复副词，"再"一个关联副词，"互相、尽量、亲自、相互"四个方式副词，"大概、恐怕"两个情态副词，以及"白、并、当然、到底、反正、根本、果然、简直、绝对、难道、其实、千万、确实、只好、终于"十五个语气副词。

（1）程度副词

比较：他比较喜欢游泳。

更加：她学习更加努力了。

还：那个不好，这个还好一些。

相当：电影相当好看。

（2）范围、协同副词

光：他每天光玩儿不学习。

仅：教室仅有五个学生。

仅仅：他仅仅花了十块钱。

就：他家就他学习汉语。

至少：这里至少有二十人。

（3）时间副词

本来：本来在星期五上课。

才：他才起床。

曾经：我曾经去过北京。

从来：他从来不喝酒。

赶紧：她赶紧回家了。

赶快：我们赶快送她去医院。

立刻：叫他立刻过来。

连忙：我连忙站起来让座。

始终：他始终不说。

已：我们已做好安排。

早已：他早已离开北京了。

（4）频率、重复副词

通常：我们通常很早到学校。

往往：他往往要读很多遍才能记住。

总：他总不明白。

总是：她总是提前准备。

（5）关联副词

再：洗了手再吃饭。

（6）方式副词

互相：我们要互相学习。

尽量：尽量自己解决问题。

亲自：经理亲自帮助员工。

相互：大家要相互关心。

（7）情态副词

大概：今天大概要下雨。

恐怕：他恐怕不来了。

（8）语气副词

白：我白等了。

并：考试并没有那么难。

当然：我们当然应该努力学习。

到底：你到底是老师还是学生？

反正：反正不是他说的。

根本：他们根本不相信我们。

果然：今天果然下雨了。

简直：这幅画简直跟真的一样。

绝对：他绝对不会做这样的事情。

难道：难道我学不会吗？

其实：其实他已经走了。

千万：你千万要小心。

确实：这次确实非常紧急。

只好：我只好先走了。

终于：终于通过了考试。

HSK 四级：考查"格外、极、极其"三个程度副词，"共"一个范围、协同副词，"按时、即将、急忙、渐渐、尽快"五个时间副词，"一再、再三"两个频率、重复副词，"却"一个关联副词，"未必"一个否定副词，"几乎、似乎"两个情态副词，以及"的确、反而、还、竟然、究竟"五个语气副词。

（1）程度副词

格外：他今天格外开心。

极：今天天气极好。

极其：这些花极其漂亮。

（2）范围、协同副词

共：这本书共十二课。

（3）时间副词

按时：我们要按时休息。

即将：同学们即将毕业。

急忙：他急忙跑回家。

渐渐：天气渐渐暖和起来。

尽快：你尽快回家。

（4）频率、重复副词

一再：他一再表示自己会努力学习。

再三：他再三解释，但是没人相信。

（5）关联副词

却：我们都来了，他却没来。

（6）否定副词

未必：这个消息未必可靠。

（7）情态副词

几乎：我们几乎都没明白。

似乎：他似乎不相信。

（8）语气副词

的确：这的确是我的错。

反而：雨没有停，反而越来越大。

还：你还真有办法。

竟然：她竟然没有去。

究竟：你究竟来不来？

HSK 五级： 考查"过于、可、稍、稍微、尤其"五个程度副词，"大都"一个范围副词，"不时、将、将要、仍旧、时常、时刻、依旧、一向"八个时间副词，"偶尔、再次"两个频率、重复副词，"偷偷"一个方式副词，以及"毕竟、不免、差（一）点儿、倒是、干脆、就、居然、可、明明、总算"十个语气副词。

（1）程度副词

过于：你过于小心了。

可：他的姐姐可漂亮了。

稍：这幅画再挂得稍高一点儿。

稍微：稍微坚持一下，马上就结束了。

尤其：他尤其喜欢画画。

（2）范围副词

大都：参加比赛的大都是女生。

（3）时间副词

不时：我不时想起以前的事。

将：明年我们将去北京学习汉语。

将要：电影将要开始了。

仍旧：他仍旧没有结婚。

时常：我时常怀念我的家乡。

时刻：我们时刻准备着。

依旧：他们依旧住在那里。

一向：他一向不爱说话。

（4）频率、重复副词

偶尔：他只是偶尔迟到一次。

再次：这样的事绝不能再次发生。

（5）方式副词

偷偷：他偷偷送给我一件礼物。

（6）语气副词

毕竟：他毕竟还很年轻。

不免：第一次开车不免有些紧张。

差（一）点儿：我今天差（一）点儿迟到。

倒是：这种想法倒是新鲜。

干脆：我们干脆离开吧。

就：别说了，我就要去。

居然：这件事居然是他做的。

可：我可记不住那么多词。

明明：明明是你的错。

总算：总算写完了。

HSK 六级：考查"特、异常"两个程度副词，"尽、净、一齐、一同"四个范围、协同副词，"时时、一时、早晚"三个时间副词，"便"一个关联副词，"不禁、赶忙、亲眼、特地、特意"五个方式副词，"仿佛"一个情态副词，以及"才、刚好、偏、恰好"四个语气副词。

（1）程度副词

特：他们特高兴。

异常：今年冬天异常寒冷。

（2）范围、协同副词

尽：尽是些烦心事。

净：满地净是垃圾。

一齐：我们一齐用力。

一同：大家一同努力。

（3）时间副词

时时：爸爸时时关心我的健康。

一时：我一时想不起来。

早晚：我们早晚会成功。

（4）关联副词

便：他一下班便回家了。

（5）方式副词

不禁：我不禁想起我们分开的时候。

赶忙：他赶忙去上班。

亲眼：我亲眼看见他走了。

特地：他特地来帮助我。

特意：她特意穿得很漂亮。

（6）情态副词

仿佛：他工作起来仿佛不知道什么是累。

（7）语气副词

才：我才不要你的帮助。

刚好：他刚好经过。

偏：你偏要去做。

恰好：哥哥很仔细，弟弟恰好相反。

HSK 七至九级：考查"极为、尽、蛮、颇、稍稍、尤为、越发"七个程度副词，"凡、皆、统统、唯独"四个范围、协同副词，"即、历来、尚、向来"四个时间副词，"频频、再度"两个频率、重复副词，"亦"一个关联副词，"未、勿"两个否定副词，"不由得、顺便、一连"三个方式副词，"按说"一个情态副词，"必定、不妨、何必、莫非、白白、反倒、分明、怪不得、好在、乃、难怪、偏偏、索性、万万、未免、无非、幸好、幸亏、终究"十九个语气副词。

（1）程度副词

极为：新能源汽车的发展前景极为广阔。

尽：坐在尽前头的是我的女朋友。

蛮：今天蛮冷的。

颇：我对他的印象颇深。

稍稍：听了他的话，我稍稍松了口气。

尤为：他对自己的要求尤为严格。

越发：随着年龄的增长，他越发喜欢读书了。

（2）范围、协同副词

凡：凡年龄满十八岁的公民都有选举和被选举的权利。

皆：这是人人皆知的事情。

统统：我们不得不承认这些材料统统没有价值。

唯独：他什么都不在乎，唯独受不了别人的不理解。

（3）时间副词

即：做事情一定要严肃，有错即改。

历来：学校历来重视培养学生的动手能力。

尚：这个问题要研究清楚，尚需努力。

向来：他向来吃软不吃硬。

（4）频率、重复副词

频频：大家频频举杯，说笑不停。

再度：我们十年后再度相遇。

（5）关联副词

亦：若能从失败中吸取教训，失败亦是成功。

（6）否定副词

未：他至今还未和我联系。

勿：希望大家勿忘十年后的约定。

（7）方式副词

不由得：我不由得流下了眼泪。

顺便：回家的路上，我顺便去看望了老师。

一连：这场雨一连下了一个星期。

（8）情态副词

按说：按说这个时候该下雪了，可是一直没有下。

（9）语气副词

必定：你这么做必定会失败。

不妨：你不妨试一试其他办法。

何必：我只是跟你开玩笑，何必当真呢？

莫非：他今天没有来，莫非出事儿了？

白白：你这么做，白白浪费了很多时间。

反倒：明明是你的错，怎么反倒怪我了？

分明：你分明是在为难我。

怪不得：怪不得她没去上班，原来生病了。

好在：好在大家都在北京，可以互相照顾。

乃：失败乃成功之母。

难怪：难怪她不怕冷，原来他是东北人。

偏偏：刚想请她吃饭，她怎么偏偏走了？

索性：现在很晚了，我们索性在外面吃饭吧。

万万：万万不能开着煤气出门。

未免：这道题未免也太难了吧。

无非：我想要的无非是一份工作。

幸好：幸好你提醒我，要不我就忘了。

幸亏：我们幸亏走了这条路，才没有堵车。

终究：他终究是个孩子，我们要耐心一点儿。

第二节　句子成分

句子成分指的是句子的组成成分。组成句子的词与词之间有一定的组合关系，我们可按照词与词之间不同的关系，把句子分为不同的组成成分，这些成分的形式为词或词组。汉语语法中句子成分一般包括主语、谓语、宾语、定语、状语、补语等。

本书探讨的对外汉语语法仅从补语的角度出发，对结果补语、可能补语和趋向补语进行研究，研究主要参考了 HSK 不同级别对上述补语的考查。

一、结果补语

结果补语一般为动词或形容词，表示动作、变化的结果。在 HSK 二级和三级中有相关内容的考查。

HSK 二级：考查"动词+错/懂/干净/好/会/清楚/完"结构的结果补语，如"写错、听懂、洗干净、准备好、学会、说清楚、吃完"。

HSK 三级：考查"动词+到/住/走"结构的结果补语，如"买到、接住、取走"。

二、可能补语

可能补语一般为谓词性成分，表示某种现象出现或结果实现的可能性。在 HSK 三级和五级中有相关内容的考查。

HSK 三级：考查"动词+得/不+动词/形容词"及"动词+得/不+了"两种结构的可能补语，如"听得懂、洗不干净"及"走得了、上不了"。

HSK 五级：考查"动词+得/不得"结构的可能补语，如"吃得/不得"。

三、趋向补语

趋向补语一般为趋向动词，表示动作行为或性状的发展趋势或者方向。在 HSK 二至六级中有相关内容的考查。

HSK 二级：考查"动词+来/去"及"动词+上/下/进/出/起/过/回/开"两种结构的简单趋向补语，如"上来、下去"及"爬上、拿下、走进、走出、拿起、跳过、放回、打开"。

HSK 三级：考查"动词+出来/出去/过来/过去/回来/回去/进来/进去/起来/上来/上去/下来/下去"结构的复合趋向补语，如"拿出来/出去、跑过来/过去、走回来/回去、搬进来/进去、站起来、爬上来/上去、拿下来/下去"。

HSK 四级：考查"动词+上/出/起/下"结构的趋向补语，表示结果意义，为引申用法，如"关上、说出、想起、留下"。

HSK 五级：考查"动词+上/起来"及"动词+下去/下来"两种结构的趋向补语，表示时间意义，为引申用法，如"玩儿上游戏、哭起来"及"坚持下去、保持下来"。

HSK 六级：考查"动词/形容词+下来/下去/起来/过来"结构的趋向补语，表示状态意义，为引申用法，如"安静下来、淡了下去、藏起来、清醒过来"。

第三节　句子类型

汉语语法中句子类型是一个重要的研究内容。按不同标准划分，句子可以分为不同的类型。例如，按照结构划分，句子可以划分为单句和复句；按照语气划分，句子可以分为陈述句、疑问句、祈使句和感叹句。

本书主要研究的是疑问句及一些特殊句式，参考的是 HSK 中对句子类型的相应考核内容。

一、句类

句类指的是汉语语法中按照语气划分出的句子类型，主要有陈述句、疑问句、祈使句和感叹句。

本节探讨的内容为疑问句及提问方式。

（一）疑问句

疑问句是按照句子的语气分出来的一个类，与其他三类句型的最大区别就是其疑问语气，是进行提问，询问情况的，表达的内容并非陈述，因而是不确定的，主要分为选择疑问句、特指疑问句、正反疑问句等，只在 HSK 一级中有涉及。

HSK 一级：考查是非问句、特指问句、选择问句、正反问句。

（1）是非问句：你是中国人吗？

（2）特指问句：你想买什么？

（3）选择问句：你是美国人还是英国人？

（4）正反问句：今天热不热？

（二）提问方法

疑问句的分类标准是按照提问方式制定的。本书参照了 HSK 的考试内容，主要研究了 HSK 中考查的疑问句的提问方法。HSK 对疑问句的考查主要出现在一至三级中。

HSK 一级：考查使用"吗"进行提问的一般疑问句，使用"多、多少、几、哪、哪儿、哪里、哪些、什么、谁、怎么"进行提问的特殊疑问句，使用"还是"进行提问的选择疑问句，以及用正反疑问形式提问的正反疑问句。

（1）用"吗"提问

你是美国人吗？

（2）用"多、多少、几、哪、哪儿、哪里、哪些、什么、谁、怎么"提问

多：你多大？

多少：你们班有多少学生？

几：你家有几口人？

哪：他是哪国人？

哪儿/哪里：你去哪儿/哪里？

哪些：你有哪些书？

什么：你明天做什么？

谁：谁要喝茶？

怎么：这个字怎么写？

（3）用"还是"提问

你喝茶还是喝咖啡？

（4）用正反疑问形式提问

你喝不喝茶？

他回家了没有？

HSK 二级：考查用"好吗、可以吗、行吗、怎么样""什么时候、什么样、为什么、怎么样、怎样""代词/名词+呢""是不是"以及"吧"提问的五种疑问方法。

（1）用"好吗、可以吗、行吗、怎么样"提问

我们明天出发，好吗/可以吗/行吗/怎么样？

（2）用"什么时候、什么样、为什么、怎么样、怎样"提问

什么时候：你什么时候去北京？

什么样：你喜欢什么样的学生？

为什么：你为什么没去上课？

怎么样：今天天气怎么样？

怎样：你明天怎样去学校？

（3）用"代词/名词+呢"提问

我去上课，你呢？

（4）用"是不是"提问

你是不是有很多中国朋友？

你要去北京，是不是？

（5）用"吧"提问

你去过中国吧？

HSK 三级：考查用疑问语调表示疑问的提问方式。例如："今天星期六？"

二、特殊句式

汉语语法中存在着一些与常规的句子类型不同的结构，称为特殊句式。这些句式往往是教师教学以及学生学习的难点。本节讨论的特殊句式参考的是 HSK 各个级别中的相关内容。

（一）"把"字句

"把"字句是汉语中的一种主动式动词谓语句，这种句式又称为"处置式"，动词所表示的动作对宾语做出了"处置"。

HSK 三级：考查"主语+把+宾语+动词+在/到+处所""主语+把+宾语 1+动词（+给）+宾语 2"以及"主语+把+宾语+动词+结果补语/趋向补语/状态补语"三种形式的把字句，表处置。

（1）主语+把+宾语+动词+在/到+处所：我把书放在桌子上。

（2）主语+把+宾语 1+动词（+给）+宾语 2：我们把作业交给老师。

（3）主语+把+宾语+动词+结果补语/趋向补语/状态补语：他把洗好的衣服拿回来了。

HSK 四级：考查"主语+把+宾语+动词（+一/了）+动词"，"主语+把+宾语（+给）+动词+了/着"及"主语+把+宾语+动词+动量补语/时量补语"三种结构的"把"字句，表处置。

（1）主语+把+宾语+动词（+一/了）+动词：你把桌子擦一擦。

（2）主语+把+宾语（+给）+动词+了/着：他把去年学过的生词都忘了。

（3）主语+把+宾语+动词+动量补语/时量补语：他把这个问题考虑了好几天。

HSK 五级：考查"主语+把+宾语+状语+动词""主语+把+宾语+一+动词""主语+把+宾语+动词+了"以及"主语+把+宾语1+动词+宾语2"四种结构的"把"字句，表处置。

（1）主语+把+宾语+状语+动词：他把东西到处乱扔。

（2）主语+把+宾语+一+动词：老师把门一关，开始上课。

（3）主语+把+宾语+动词+了：他们把合同签了。

（4）主语+把+宾语1+动词+宾语2：他把身上的钱买手机了。

HSK 六级：考查"主语（非生物体）+把+宾语+动词+其他成分"和"主语+把+宾语（施事）+动词+其他成分"两种结构的"把"字句，表致使。

（1）主语（非生物体）+把+宾语+动词+其他成分：外面的声音把我吵醒了。

（2）主语+把+宾语（施事）+动词+其他成分：他把爸爸气得一夜没睡。

HSK 七至九级：考查"（主语+）把+宾语（施事）+动词+了"结构的"把"字句，表致使，如"钱没挣着，却把身体累垮了"。

（二）被动句

被动句是主语与谓语之间的关系是被动关系的句子，主语是谓语动词所表示的行为的被动者、受事者，而不是主动者、实施者。汉语语法中的被动句有些是没有标记的，有些有"被、为、所、于、见"等标记。

HSK 三级：考查"主语+被/叫/让+宾语+动词+其他成分"结构的被动句，如"爸爸的手机被我用坏了"。

HSK 四级：考查"主语+被+动词+其他成分"结构的被动句，如"那本书被买走了"。

HSK 五级：考查意念被动句，如"车票卖完了"。

HSK 六级：考查"主语+被/叫/让+宾语+给+动词+其他成分"结构的被动句，如"自行车被坏人给偷走了"。

HSK 七至九级：考查"被……所……"和"为……所……"两种结构的被动句。

（1）被……所……：他竟然会被一个小学生所欺骗。

（2）为……所……：这种事情为社会所不容。

（三）连动句

连动句指的是用连动短语充当谓语的句子，或者是由连动短语直接构成的句子。

HSK 二级：考查表示前后动作先后发生的连动句，如"他吃完饭去上学了"。

HSK 三级：考查"前一动作是后一动作的方式"和"后一动作是前一动作的目的"两种连动句。

（1）前一动作是后一动作的方式：我明天坐飞机去北京。

（2）后一动作是前一动作的目的：他来中国学习中文。

HSK 五级：考查前后两个动词性词语具有因果、转折、条件关系的连动句，如"她的哥哥生病住院了"。

（四）存现句

存现句是语义上表示何处存在、出现、消失了何人或何物的句式，语言上用来描写景物或处所的一种特定句式。

HSK 二级：考查"处所+有+数量短语+名词"和"处所+动词+着（+数量短语）+名词"两种结构的存现句，表示存在。

（1）处所+有+数量短语+名词：学校里有二十位老师。

（2）处所+动词+着（+数量短语）+名词：桌子上放着一本书。

HSK 四级：考查"处所+动词+趋向补语/结果补语+动态助词（了）+数量短语+人/物"结构的存现句，表示出现，以及"处所+动词+结果补语+动态助词（了）+数量短语+人/物"结构的存现句，表示消失。

（1）处所+动词+趋向补语/结果补语+动态助词（了）+数量短语+人/物：我家昨天来了一位客人。

（2）处所+动词+结果补语+动态助词（了）+数量短语+人/物：公司调走了几名员工。

（五）兼语句

兼语句是由兼语短语充当谓语或独立成句的句子。谓语是由动宾短语套接主谓短语构成的，动宾短语的宾语兼做主谓短语的主语。

HSK 三级：考查"主语+叫/派/请/让……+宾语1+动词+宾语2"结构的兼语句，表使令，如"妈妈让我早点儿回家"。

HSK 四级：考查"主语+表扬/批评+宾语1+动词+宾语2"结构的兼语句，表示爱憎义，以及"主语+叫/称（呼）/说/收/选+宾语1+做/为/当/是+宾语2"结构的兼语句，表示称谓或认定义。

HSK 五级：考查"主语+叫/令/使/让+人称代词+动词短语"结构的

兼语句，表致使，如"妈妈叫他早点儿回去"。

（1）主语+表扬/批评+宾语1+动词+宾语2：老师表扬她帮助同学。

（2）主语+叫/称（呼）/说/收/选+宾语1+做/为/当/是+宾语2：同学们都选他当班长。

（六）比较句

比较句是指谓语中含有比较词语或比较格式的句子。

HSK 一级：考查"A 比 B+形容词"和"A 没有 B+形容词"两种结构的比较句。

（1）A 比 B+形容词：他比我高。

（2）A 没有 B+形容词：昨天没有今天热。

HSK 二级：考查"A 比 B+形容词+数量补语""A 比 B+更/还+形容词""A 不如 B（+形容词）""A 有 B（+这么/那么）+形容词""A 跟 B 一样/相同"以及"A 跟 B 一样+形容词"六种结构的比较句。

（1）A 比 B+形容词+数量补语：哥哥比弟弟大五岁。

（2）A 比 B+更/还+形容词：今天比昨天更热。

（3）A 不如 B（+形容词）：这件衣服不如那件好看。

（4）A 有 B（+这么/那么）+形容词：你哥哥有你这么高吗？

（5）A 跟 B 一样/相同：我跟他一样，都是老师。

（6）A 跟 B 一样+形容词：哥哥和弟弟一样高。

HSK 三级：考查"A 比 B+动词+得+形容词""A 不比 B+形容词""A+动词+得+比+B+形容词"和"A 比 B+多/少/早/晚+动词+数量短语"四种结构的比较句。

（1）A 比 B+动词+得+形容词：我比他跑得快。

（2）A 不比 B+形容词：我哥哥不比我高。

（3）A+动词+得+比+B+形容词：我跑得比他快。

（4）A 比 B+多/少/早/晚+动词+数量短语：我比他多吃了一个苹果。

HSK 五级：考查"跟……相比"及"A+形容词+B+数量补语"两种结构的比较句。

（1）跟……相比：跟他相比，我太小了。

（2）A+形容词+B+数量补语：姐姐大我十岁。

HSK 七至九级：考查"比起……（来）""A+形容词+于+B"以及"A+比+名词+还+名词"三种结构的比较句。

（1）比起……（来）：比起唱歌来，我更喜欢跳舞。

（2）A+形容词+于+B：人的努力过程重于结果。

（3）A+比+名词+还+名词：他简直比老师还老师。

（七）双宾句

双宾句指的是动词之后先后出现近宾语、远宾语两层宾语的句子。近宾语一般指人，远宾语一般指物。

HSK 二级：考查"主语+动词+宾语1+宾语2"和"主语+动词+给+宾语1+宾语2"两种结构的双宾句。

（1）主语+动词+宾语1+宾语2：我送他一本书。

（2）主语+动词+给+宾语1+宾语2：朋友借给我1 000元。

（八）"是……的"句

HSK 二级：考查"是……的"句强调时间、地点、方式、动作者的用法，如"我是昨天到的北京"和"我是坐飞机来的"。

HSK 四级：考查"是……的"句强调说话人的看法或态度的用法，如"这道题是很简单的"。

第四节　动作的态

动作的态指的是动作、行为发生时所呈现出来的状态。本节对动作的态的研究参考的是 HSK 不同级别中考查的相应内容。动词的态的考查只出现在 HSK 一至二级中。

（一）变化态

HSK 一级：考查用动态助词"了"表示的变化态，如"她病了"。

（二）完成态

HSK 一级：考查用动态助词"了"表示的完成态，如"我喝了很多水"。

（三）进行态

HSK 一级：考查"……在/正在+动词"，"……在/正/正在+动词……+呢"及"……呢"三种结构的进行态。

（1）……在/正在+动词：外面正在下雨。

（2）……在/正/正在+动词……+呢：他在唱歌呢。

（3）……呢：我洗衣服呢。

（四）持续态

HSK 二级：考查"动词+着"结构的持续态，表示状态的持续以及动作的持续。

（1）状态的持续：电脑开着。

（2）动作的持续：他们说着、笑着，一起去上课。

（五）经历态

HSK 二级：考查用动态助词"过"表示的经历态，如"他学过中文"。

第五节　固定格式

汉语语法中的固定格式也是 HSK 考查的重要内容，相应的内容在 HSK 二至九级中均有考查，本节只选择其中几个例子进行讨论。

（1）又……又……

这是 HSK 二级考查内容，如"这个菜又好吃又便宜"。

（2）除了……（以外），……还/也/都……

这是 HSK 三级考查内容，如"除了上课，我们还要参加很多活动"。

（3）一……也/都+不/没……

这是 HSK 三级考查内容，如"他一句英文也不会说""他一口饭都没有吃"。

（4）越……越……

这是 HSK 三级考查内容，如"雨越下越大""房子越大，房价越高"。

第六节　复句

汉语语法中的复句由两个或两个以上意义相关，结构上互不作句子成分的分句组成。分句是结构上类似的单句而没有完整句调的语法单位。复句中的各个分句之间一般有停顿，书面上用逗号，分号或冒号表示。复句前后有隔离性语音停顿，书面上用句号或问号，叹号表示。语法上指能分成两个或两个以上相当于单句的分段的句子。

本节所讨论的复句参考的是 HSK 中考查的复句，主要为条件复句、递进复句、转折复句和紧缩复句。

一、条件复句

条件复句指的是分句之间的关系是条件和结果的关系的复句。其中，偏句提出一种真实或假设的条件，正句说明在这种条件下所产生的结果。

HSK 二级：考查"只要……，就……"形式的条件复句，如"只要好好学习，就能取得好成绩"。

HSK 三级：考查"只有……，才……"形式的条件复句，如"只有多学多练，才能学好中文"。

HSK 四级：考查"不管……，都/也……"和"无论……，都/也……"两种形式的条件复句。

（1）不管……，都/也……

不管是否下雨，我都要去。

（2）无论……，都/也……

无论他怎么说，都没有人相信。

HSK 五级：考查"除非……，才……"和"除非……，否则/不然……"两种形式的条件复句。

（1）除非……，才……

除非你答应我，我才会去。

（2）除非……，否则/不然……

除非坐飞机，否则肯定来不及了。

HSK 六级：考查"凡是……，都……"形式的条件复句，如"凡是对的，我们都应该去做"。

HSK 七至九级：考查"别管……，都……"和"任……，也……"两种形式的条件复句。

（1）别管……，都……

别管有多困难，你都要努力去面对。

（2）任……，也……

天气这么冷，任他身体再强壮，也受不了。

二、递进复句

递进复句由两个或两个以上的分句相连，后面分句表示的意思比前面分句更进一层。分句之间的顺序固定，不能随意变动。

HSK 二级：考查不用关联词语及使用关联词语"……，更/还……""不但……，而且……"两种形式的递进复句。

（1）不用关联词语

他会说中文，说得很好。

（2）使用关联词语"……，更/还……""不但……，而且……"

昨天很热，今天还很热。

她不但会说中文，而且说得很好。

HSK 三级：考查"……，并且……"及"不仅/不光……，还/而且……"两种形式的递进复句。

（1）……，并且……

我们对这个问题进行了讨论，并且提出了解决办法。

（2）不仅/不光……，还/而且……

不光我会说中文，而且我的家人也会说中文。

HSK 四级：考查"……，甚至……"形式的递进复句，如"她什么都不会，甚至最简单的汉字都不会"。

HSK 六级：考查"不但不/不但没有……，反而……""不是……，还/还是……"以及"连……也/都……，……更……"三种形式的递进复句。

（1）不但不/不但没有……，反而……

他不但不帮我，反而还给我添麻烦。

（2）不是……，还/还是……

不是今天做完就可以了，明天还是要做。

（3）连……也/都……，……更……

连中国人都不知道，外国人更不知道了。

HSK 七至九级：考查"别说……，连……也/都……""连……也/都……，别说……""别说……，即使……也……""即使……也……，别说……""……，何况……""……，进而……""……，况且……""连……，更不用说……""……，乃至……""……，且……"以及"……，甚至于……"八种形式的递进复句。

（1）别说……，连……也/都……；连……也/都……，别说……；别说……，即使……也……；即使……也……，别说……

别说是中国人了，连外国人都比他的汉字写得好。

别说是新衣服，即使是旧衣服也买不起了。

（2）……，何况……

我不道歉，何况根本不是我的错。

（3）……，进而……

遇到问题不要怕，要认真分析，进而解决它。

（4）……，况且……

天气这么冷，况且又下着雨，咱们早点回家吧。

（5）连……，更不用说……

连他都不会，更不用说我了。

（6）……，乃至……

这所房子在北京，乃至全国，价钱都很高。

（7）……，且……

她工作认真，且十分负责，大家都很喜欢她。

（8）……，甚至于……

他忍受不了这种天气，甚至于一分钟也受不了。

三、转折复句

转折复句，又称转折句，指分句之间具有转折关系的复句。前边的偏句先表达一种意思，后边的正句不与前句意思相承，而是转到与偏句意思相对、相反或部分相反的意思上去。

HSK 二级：考查不用关联词语及使用关联词语"虽然……，但是/可是……""……，不过……"两种形式的转折复句。

（1）不用关联词语

这件衣服样子不错，有点儿贵。

（2）使用关联词语"虽然……，但是/可是……""……，不过……"

这个公园虽然不大，但是很漂亮。

这个手机不贵，不过用着很好。

HSK 三级：考查"……X 是 X，就是/不过……"形式的转折复句，如"这件衣服漂亮是漂亮，就是太贵了"。

HSK 四级：考查"……，然而……"形式的转折复句，如"我知道中文很有用，然而中文也太难了"。

HSK 五级：考查"尽管……，但是/可是……"形式的转折复句，如

"尽管这次考试很难，但是很多人都通过了"。

HSK 六级：考查"虽……，但/可/却/也……"形式的转折复句，如"他年纪虽小，却知道很多东西"。

HSK 七至九级：考查"……，而……（则）……"及"……，……倒/反倒……"两种形式的转折复句。

（1）……，而……（则）……

北方人过年一般吃饺子，而南方人则吃汤圆。

（2）……，……倒/反倒……

我好心帮助他，他反倒怪我。

四、紧缩复句

紧缩复句指的是汉语复句的紧缩形式。其特点为分句与分句紧密连接，中间没有语言停顿，书面上不用标点断开，形式上与单句相似，但内容具有复句特定的并列、选择、假设、让步、转折等的关系。其主要分为分句各具主语以及分句同一主语两类。紧缩复句如果加逗号，就成了一般的复句。紧缩复句有时与单句很难区分，以一般的看法，有关联词就归入紧缩复句，无则归入单句。

HSK 二级：考查"一……就……"形式的紧缩复句，如"我们一出去就下雨"。

HSK 三级：考查"……了……（就）……"形式的紧缩复句，如"她下了课就去图书馆"。

HSK 四级：考查无标记以及"不……也……"两种形式的紧缩复句。

（1）无标记

你有事你先走。

（2）不……也……

他不休息也要玩儿手机。

HSK 五级：考查"没有……就没有……"和"再……也……"两种形式的紧缩复句。

（1）没有……就没有……

没有平时的努力就没有好的成绩。

（2）再……也……

再累也要努力学习。

HSK 六级：考查"不……不……"形式的紧缩复句，如"不问不知道，这件衣服真贵啊"。

HSK 七至九级：考查"（要+）动词+就+动词+个+补语"以及"动词（+宾语1）+就+动词（+宾语1），别……"两种形式的紧缩复句。

（1）（要+）动词+就+动词+个+补语

要玩儿就玩儿个痛快，别总想工作的事情。

（2）动词（+宾语1）+就+动词（+宾语1），别……

开玩笑就开玩笑，别说家里的事儿。

第七节　本章小结

本章主要内容为国际中文教育中的重点语法项目，对于重点语法项目的选取，主要参照两个标准。第一，以《标准》的《语法等级大纲》为标准。参考大纲中不同的等级要求选取语法项目，既体现与时俱进，不断更新教学研究内容，又体现语法教学的针对性。第二，以不同等级语法项目的易错性、难度及出现频率为标准进行语法项目的选择，在本书的后篇进行分析并提供教学案例，体现实践性。

本章选取的重点语法项目主要包括词类（量词、副词）、句子成分（结果补语、可能补语和趋向补语）、句式（疑问句及一些特殊句式）、动作的态（变化态、完成态、进行态、持续态、经历态）、固定格式以及复句（条件复句、递进复句、转折复句和紧缩复句）六个部分。本章还按照HSK 的分级进行了分类分析并给出了相应的例句，力求让读者有一个清晰、有层次的认识，同时能够提供一些教学样例，针对教学实践形成有效的参照作用。

本章中针对语法项目给出的例句均为教学实践中总结得出，在一定程度上有其实用性和可参照性。诚然，语言是发展变化的，针对本章内容有异议的地方，我们热忱欢迎一线的国际中文教学教师、研究专家及各界有识之士提出更多的建设性、创新性建议和意见。

第三章　对外汉语重点语法教学的
　　　　基本概念

　　汉语语法作为汉语遣词造句规则支配着整个语言体系的结构框架，它是把汉语作为第二语言的学习者不可或缺的学习项目。对外汉语教学语法要按照学习者的语言习得规律提供一套汉语词组、句子和话语的组装规则系统。根据我们对语法的认识，语法教学至少要包括下列内容：①把词和词构成词组的语法规则；②把词或词组组织成句子的规则；③把句子组织成语段的规则；④把语段组织成语篇的规则。以上各类规则，我们在教学中要注意双向反复，即从形式结构到语义结构再从语义结构到形式结构，把形式结构和语义结构的教学有机地结合起来，在特定情景中正确灵活地运用。同时，我们要注意体现口语和书面语语法的不同语体特点。

第一节　对外汉语重点语法教学的任务和目的

一、第二语言教学法流派关于语法教学的看法

　　百余年来，基于不同理论基础建立起来的第二语言教学法流派对语法教学的处理大不相同。

　　语法翻译法以系统的语法知识为教学中心，语法是语言教学的主要内容，强调对语法规则进行详细分析，并要求学生对其进行记忆和巩固。这种方法能较好培养学生的阅读能力和翻译能力，在第二语言教学中曾长期处于统治地位，对汉语作为第二语言的教学也曾产生很大影响。直到现在国内外的很多课堂，尤其是综合课仍然使用语法翻译法进行教学。但是将

语法教学作为对外汉语教学的主要内容有其严重不足之处：它容易忽略口语教学，课堂很难体现交际性，对培养学习者运用汉语进行言语表达的能力十分不利；同时它缺少对听力能力的培养，不利于学习者尤其是初级水平的学习者充分理解和吸收目的语；传统的语法翻译法教学内容或枯燥无味，或太难太深，很容易使学习者望而生畏，产生退缩情绪。

听说法于 20 世纪 40 年代产生于美国，是当时十分流行且取得了很大成功的一种第二语言教学法。它强调通过反复的句型结构操练培养口语听说能力，注重在不同语言间以及语言内部进行结构对比，强调第二语言教学从口语开始，通过用句型操练掌握该语言，强调用机械的刺激—反应—强化养成习惯。听说法提出了很多合乎第二语言教学规律的重要原则，如以口语教学为基础，直接用目的语教目的语，以句子为基本结构单位，通过反复操练掌握语法规则等。听说法也有明显的缺点：它过分强调机械训练，使课堂枯燥无味，难以培养学习者兴趣，忽视了学生包括语法知识在内的语言基础知识的掌握，不重视语言运用能力的培养；听说法的语言学基础是结构主义语言学，它过分重视语言的结构形式而忽视语言的内容和意义，因此学习者即使能流利地说出正确的句子，也难以具备在一定情景下进行恰当交际的能力。

20 世纪 60 年代产生于美国的认知法则改进了听说法的弊端，它主张在第二语言教学中发挥学习者智力的作用，通过有意识地学习语言要素知识，理解、发挥、掌握语言规则，重视对语法规则的理解和运用，使学习者最终能全面地、创造性地运用目的语。认知法的语言学理论基础是乔姆斯基的转换生成语法理论，该理论认为语言是一种受规则支配的体系，人类学习语言是一种有意识的、创造性的运用过程，因此学习第二语言首先要理解句子规则，在此基础上进行有意义的学习，重在创造性地活用。可以看到，近 20 年来对外汉语主流教学法借鉴了许多认知法的优点，注重语言点规则的讲解，并在此基础上进行必要的机械性操练和大量的有意义练习。

上述这些教学法各有利弊，在不同时期的第二语言教学中发挥了重要作用，产生了深远影响，但是它们共同的缺点是过多地依赖语言的结构形式，脱离了所表达的社会文化内容（语义）和社会交际原则（语用），局限于句本位而忽视了话语的教学。其结果不仅不利于对语言的运用，而且对语法规则的描述也是不完整的。

从 20 世纪 60 年代开始，随着功能意念研究的开展，第二语言教学法更加重视人文因素的影响，在教学中重视情感方面的作用，注重发挥学习者的主动性，以交际法为代表的功能派开始兴起。以社会语言学和人本主义心理学等理论为基础，交际法明确提出第二语言的教学目标是培养创造性地运用语言进行交际的能力，不仅要求语言运用的正确性，还要求得体性。同时，交际法强调以言语交际的主要形式——话语为教学的基本单位，语音、词汇、语法主要通过话语情景综合教学，必要的句型操练也是为掌握话语能力服务的，并结合话语进行。虽然交际法提出了许多第二语言教学中的重要原则和方法，例如它明确提出语言教学的根本目标是培养学习者运用该目的语的交际能力，并力图通过教学过程交际化加以实现，但是它过分强调通过话语情景的综合教学学习语言要素知识，在强调应用的同时又放松了对语言结构准确性的要求，一度忽视了语法规则，把语法教学和交际应用对立起来。

自然法是 20 世纪 70 年代后期产生于美国的新教学法，以克拉申的学习与习得理论为基础，它提出在非自然条件（主要是课堂教学）中最大限度地扩大对学习者的语言输出，首先集中培养理解能力并强调通过习得掌握第二语言。同时，自然法认为应当把培养用语言进行有效交际的能力作为初级语言教学的目标，为此必须降低对语言结构准确性的要求。克拉申等语言学家认为学习者的中介语不可能完美无缺，在有意义的语境中语法错误并不会造成太多交际苦难，不要用语法规则来束缚学习者的语言输出。只要给学习者提供足够的、适合其水平的、可理解的输入，学习者会依照一定的自然顺序习得某些语法点，正式教授第二语言的结构是不必要的。根据克拉申学习与习得假说，习得是最重要的，学习所得的自觉的知识并不会自动转变成在话语中使用这种知识的能力。因此必须给学习者以"习得"语言的机会，而不是强迫他们"学习"语言。自然法是一种完全建立在第二语言习得理论基础上的教学法，它的很多理念给第二语言教学提出了启示，比如强调在非自然环境的课堂教学中如何进行自然习得，突出以学生为中心的原则，主张课堂气氛轻松愉快。但是它过分强调语言的自然习得，认为正式教授语言结构是不必要的，几乎否定了语法教学的必要性，这显然不利于学习者短期内快速理解并掌握目的语的语言结构，不及时纠正学习者的错误，也容易导致语言偏误化石化。

二、对外汉语语法教学的任务与目的

经过多年的反复教学实践探索与争论，目前我国大多数第二语言教师和学者认为帮助学习者掌握目的语语法规则有利于对语言的理解和运用，语法能力是语言交际能力的重要组成部分，不论语法教学在教材中是明线还是暗线处理，掌握语法规则仍是第二语言教学的基础。如果不进行语法教学，外国学习者不能掌握目的语遣词造句的规则，也就难以正确理解目的语，更不能顺利用目的语输出表达，如此一来交际能力的培养更无从谈起。因此，必须把语法教学放在突出地位，语法教学应该成为对外汉语教学的重要组成部分。

那么，语法教学的任务是什么？语法教学想达到什么目的？简单来说，对外汉语语法教学的任务是对目的语的词组、句子以及话语的组织规律的教学，用以指导言语技能训练并培养正确运用目的语进行交际的能力。也就是说，语法教学的目的是为言语技能训练和交际能力的培养做准备。

至于哪些语法点应该成为对外汉语语法研究和教学的内容？本书编者在借鉴了 2021 年由教育部和国家语言文字工作委员会共同发布的《标准》的基础上，根据多年的国际中文教学经验，在第二章以语法类型为纲，按照 HSK 等级标准罗列了部分重要的语言项目。除此之外，编者认为教师在实施对外汉语教学时，应该根据语言点的使用频率、难易或复杂程度灵活处理教材中的语言点，比如对一些结构特点较复杂的语言项目可分课文、分阶段进行教学；对教材中处理过于简单的语言点，要适当补充其语法特点和语义内涵。比如短语"是……的"，大多数教材只在初级阶段的课文中学习它强调时间、地点和方式的用法，而对于考查"是……的"句强调说话人的看法或态度的用法（如"这道题是很简单的"属于 HSK 四级语法点）则很少有教材涉及，这就要求教师需要在教材语料中涉及该短语这两种用法时，适当对学习者进行教学，避免出现学习者即使熟悉此语言点也不会准确使用的情况。

第二节　对外汉语重点语法教学的原则

结合近年来对外汉语语法教学的实践经验和研究成果，本章我们重点讨论以下六条原则：

一、注重目的语与母语、目的语内部对比，突出语法教学的重难点

习得第二语言的对比分析假说主张，学习者在习得一种目的语时，会受到母语迁移的影响。整体来看，母语和目的语相似的地方容易产生正迁移，促进目的语学习；而负迁移往往来自两种语言的差异，差异越大，干扰就越大。如果学习者借助母语进行思维，那么他习得的内部语言往往是清晰的，但是如果借助二语思维使内部语言外化却十分困难。因此，我们强调对外汉语语法教学的主要目标是解决如何有效地向学习者输入汉语语法知识，以及如何使学习者有效地输出汉语的问题。

为帮助学习者更好地把握重点和难点，教师在教学时要注重对比，包括新旧语法知识对比、汉语语言内部语法结构对比和汉外对比三种类型。汉语内部两种语言规则对比，有助于强化学生对规则差异的理解；对比外语和母语语法现象的异同，能促进母语的正迁移作用，同时减少负迁移影响。

我们对比汉语内部语法教学难度时发现，功能多的语法点往往高于功能单一的语法点。例如，第二章提到程度副词"很、最、更"时，正确的教学顺序应该是先教"很"，再教"最"，最后教"更"。这样安排的依据是副词的使用频率，与"最"相比，"很"的使用频率更高，因而我们选择先教。对比这三个副词的功能，"很"和"最"要简单一些，也很容易理解，不会有歧义，而"更"就有些难度了。因此"很"被编排在 HSK一级，而"最"和"更"则是二级语法。与英语进行比较也能看出，"更"与英语中的形容词比较级不完全对应，如英语的"I am taller than you"就不能翻译成"我比你更高"。汉语中这一句法结构中"高"的程度带有不定性，或多或少，如果教师没有特别强调，一些学习者就会把它等同于"我比你高得多"。值得注意的是，在《标准》的《语法等级大纲》中，"更"的级别要比"很""最"高一些，符合教学的科学性和可操作性。前文中提到，语言内部存在着语体方面的差异，例如，在教授学生能愿动词"需"与"需要"时，教师要着重对比两者的语体区别，以突出差异："需"的书面性更强更难教，"需要"带有口语色彩；再如代词"何"与"什么"相比较，学生应先学"什么"再学"何"。

综上，汉语语法对所有外国学生有共同难点，如"把"字句，对不同母语背景的学习者又有特殊的难点，因此通过汉外对比，可以加强语法教学的针对性。例如，英国学生教学的难点有无标记被动句、介词短语位置，而韩国学生则要强调副词的用法。最后，我们对比语法教学的初中高阶段就会发现，每个阶段的教学有相通性又有差异性，教师要根据学生水平调整教学重难点，以语法结构的教学为例：初级阶段侧重在语法形式上——各种句法结构、句型、词序；中级阶段侧重在语法意义上——语法成分的语义关系和语义搭配；高级阶段侧重在语法形式的语用功能——词语句式的语用选择和应用。

二、从句型入手，句型操练和语法结构归纳相结合

对外汉语教学的发展阶段表明，精讲多练是一个动态发展的概念，其内涵随着不同的教学模式、教学理论的发展变化而变化。它揭示了课堂教学中讲和练的关系，并由此影响着教师和学生的关系。同时我们还强调，对外汉语语法教学要注重从句型入手，句子是教师教和学生学的单位，这一要求集中体现了基本的语法规则。因而在对外汉语课堂中，教师应要求学生整句学、整句用，课堂活动中的师生问答或对话都应以句型为单位。课堂教学时，教师要从句子中提炼语法知识，结合大量汉语句子归纳通用的语法结构，让学生在具体语境中理解并合理使用规则，这样学生就能掌握句型的意义及其功能。教学的目的是交际，话语操练是实现交际目标的重要方式，操练形式多样化有助于帮助学生掌握话语的连贯与衔接。对外汉语课堂语法操练一般有机械性操练、半机械性操练和交际性操练三种：机械性练习是掌握基本语法结构的传统方式，使用频率最高，如模仿、替换、填空、扩展等；半机械性练习以掌握语言形式为前提，为交际练习打基础，如回答问题、连词成句、翻译练习等；交际性操练如课堂讨论、角色扮演、辩论演讲、续写故事等。

综上，对外汉语语法的操练要讲究适时适度，操练过早达不到预期效果还容易打击学生的积极性，操练过晚不能及时强化，教学环节显得松散脱节；操练程度除了要根据语言点和学生情况而异，还要按照教学情况量体裁衣，同时再给一些条件或者限制，有助于提高练习的时效性。这就要求汉语教师在操练时密切关注学生的课堂反应，具有随机应变、灵活善变机动的教学机制，要善于从学生的神情以及应答中迅速判断出他们是否在主体参与、是否听懂、是否理解、是否真正内化，并进而调整下一步的教

学行为。

三、以句型操练为基础，逐步过渡到话语练习。

语法教学应从句型入手，以句型操练为重点，句子是基础，但从交际目的出发，仅仅掌握句子结构还远远不够，还需要进行话语教学，操练以功能为核心的语篇，特别是要掌握话语中句子的连贯与衔接。比如入门阶段一般都会涉及有关"家人"的话题，并且会学习有关家庭成员的词语，如"爸爸、妈妈、姐姐、哥哥、弟弟、妹妹、爷爷、奶奶"等，相应的重点语法一般是"有"字句，如"我有一个哥哥，我没有姐姐"。在重点操练了"有"字句后，教师最好以"全家福"为话题，带领学生对照片或其他物品进行简单描述，此时可重点运用入门阶段的重点句型"是"字句和"有"字句。例如教师准备好一张"全家福"，同时给出话语句型：这是_____，我们家有____口人，我有_____，我没有_____。

在学生充分操练了"家人"话题后，教师可带领学生扩展对桌子、教室或校园等空间物品的描述，鼓励学生运用已学句型和词语进行创造性地话语表达。

四、句法结构的教学与语义、语用的教学相结合

对外汉语教学的对象是汉语作为外语学习的外国人及海外华人，他们学习语法与母语者差异很大。外国学生的语法学习要注重形式和语义的对应关系，教师往往要先从基本语义出发，寻找与意义相照应的表现形式。语法形式是表现语法意义的，因而教学不可把意义和它的表现形式分割开来。例如在第二章我们谈到"持续态"的语法形式有"动词 + 着"，其意义有两种：①表示状态的持续，如"电脑一直开着""我们坐着"；②表示动作的持续，如"他们唱着歌"。前章提及的特殊句式"兼语句"，如果只教授兼语句的意义和用法，不强调使用和限制条件，学生还是不清楚什么时候用它。因此，教师应在教学过程中从兼语句的语义出发，帮助学生了解语法形式，同时还要注重语用和功能。

综上，如果课堂教学以一定的话题为中心开展，那么相关的语法点和词汇就可以构成一个单元或系列，原本孤立的、纯结构形式的语法点才会在特定的情景中实现其交际价值，从而完成一定的交际任务。

五、语法点的呈现要兼顾系统性和直观性

对外汉语教学活动中，在进行听、说、读、写、译等语言实践活动的同时，适当地穿插一定的语法教学和语法训练对提高学生的汉语综合运用能力是必要的。当我们向学生展示一个新的语法项目时，就必须要让学生系统地知道并了解该语法项目的含义、形式、何时使用、限制条件等内容。因而展示语法点时，教师可以直接把语法规则和信息展示出来，也可以通过间接的方式引导学生总结语法结构。我们强调，为了便于学生更好地理解语法结构和规则，教师在展示语法结构时要兼顾语法结构的系统性和直观性。

前章提到"兼语句"有表使令、爱憎、称谓、指示等多种意义。那么对于这种一语多义的句型，教师有层次、分阶段地教授完意义之后，可采取以下方式展示，帮助学生理清语义层次：

（1）兼语句 1

表使令：主语＋叫／让／请／派……＋宾语 1＋动词＋宾语 2

例：老师叫他回答一下儿这个问题。

（2）兼语句 2

①表爱憎：主语＋表扬／批评＋宾语 1＋动词＋宾语 2

例：院长表扬他帮助同事。

②表称谓或认定：主语＋叫／称（呼）／说／收／选＋宾语 1＋做／为／当／是＋宾语 2

例：我们都叫他李先生。

（3）兼语句 3

表致使：主语＋叫／令／使／让＋人称代词＋动词短语

例：爸妈让我早点儿回家。

另外，教师呈现语法时，还需注意语法符号规范化、简明化。《标准》中指出汉语词性的表述不应用字母，而是用"动词""形容词"等文字，如"主语+把+宾语+动词+在/到+处所"。教师可用"ABAB"来表示动词的重叠，如"研究研究"；可用"A+比+B+形容词"来表示比较，如"她个子比我高"；可用"大 A 大 B"来表示性质不同的项目，如"大悲大喜、大起大落"。可用"X、Y"来表示口语中可以替换的成分，如"什么 X 的Y 的"，可以说"什么你的我的""什么吃的喝的"。

六、语法项目的排列应先易后难、循序渐进

对外汉语语法项目的排列应该要根据学生和课堂的情况，体现先易后难、循序渐进的原则。各章节的语法结构教学应尽量均匀，不要集中在某一章或某一课。由于有些语法点之间存在着顺序的先后关系，教师需要提前做好该类教学的螺旋式安排，将语法项目分成几个小项目，逐步加深，有序进行，便于复习巩固。第二章提及的"存现句"，可以由表领有的"有"和动态助词"着"构成。例如：

桌子上有一台电脑。

教室里没有雨伞。

手里拿着一本故事书。

图书馆后边站着一个老人。

另外，学生在学习"存现句"前，应该先掌握表存在的"有"字句和动态助词"着"，教师教学还应注意各语法项目间的相互配合。

七、精讲多练，以操练为主，以知识讲解为辅

对外汉语语法教学不同于针对中国学生的语法研究教学，不是要解决能不能懂的问题，而是要解决会不会用的问题。语法规则无论讲解多么清晰易懂，一般外国学习者还是不会用，只有充分的操练才能使内化的规则顺利输出使用。因此，教材和教师的作用除了进行必要的解释、总结，让学生了解语法规则以外，更多的任务是带领学习者操练语言点。语法知识的讲解要少而精，避免使用大量的名词术语，避免讲解得似是而非。陆俭明（2000）认为，语法教学必须采取点拨式教学法，不要大讲语法点，特别不要一条一条地大讲语法规则，而要善于点拨。语法课或语法环节更重要的是通过练习掌握这些规则，体现以练习为主的原则。操练的形式丰富多样，包括口头和笔头操练，应贯穿于感知、理解、巩固和运用等语言点教学环节的全过程，贯穿于课堂教学的每个环节。

操练的类型大致可分为三种。一是机械性操练，如跟读模仿、重复、替换、变换、扩展等。这种机械性的单个句型操练对于熟练掌握语言的结构形式必不可少，特别是在讲练新内容和操练复杂语言点时，适当运用机械性操练是学习者将语言点内化的必要过程。二是有意义的练习，如回答问题、完成句子、解释课文内容、复述、讨论等，其中复述包括对话语或

篇章的减缩复述、扩展复述、分角色复述等。有意义练习是学习者通过机械性操练掌握了语言结构形式的基础上进行的需要经过思考、语言加工选择的练习，体现了运用语言进行创造性交际的原则，但是有意义练习的内容仍以课文中包含的生词、语法点以及表达功能项目等为基础，答案也是相对可控的。这样学习者可以在熟悉规则的情况下，创造性地表达话语内容，也方便教师预测和纠正学生出现的偏误。三是交际性练习，也叫综合性练习，包括自由会话、课堂讨论、辩论、演讲、角色扮演、写应用文等。这是真实交际或接近于真实交际的练习，在操练过程中会运用到包括正在学习的语法点在内的丰富的语言点项目。交际性练习不仅包括听说读写的言语技能训练，还包括语用规则、话语规则和交际策略等言语交际技能的训练，所表达的内容在话题范围内不受控制。

八、语法例句要突出典型性与针对性

从专业角度讲，汉语中各语法点的讲解不仅包括详细的用法解释，还应有从不同角度展示用法的典型例句。举例时用到的词语也应符合学生的水平，均在相应水平等级词汇表内。

课堂中语法点举例不局限于句子形式，有时可以采用短语形式，例如第二章中"量词"的举例。另外，语法例句的呈现要精简适当，契合语用、情态等方面的表达需求，所举的例子能够准确解释语法点的内容。句式多样化，不仅包括肯定句、否定句，还应有疑问句等。以上可以借鉴《标准》的展示形式，如"正反问句"的例句形式多样，举例典型，具有较强的针对性，既包含动词形式的正反疑问句，也有形容词形式的正反疑问句。举例如下：①你吃不吃苹果？②你吃没吃苹果？③你吃苹果了没有？④今天热不热？⑤这个房间干净不干净？

综上，例句与语法点精准对应，方可全方位体现语法点的层次。如第二章中提到的"趋向补语"这一语法项目，在 HSK 四级和 HSK 五级的例句中各有侧重。HSK 四级考查趋向补语基本用法，即围绕动作行为方向，例句展示如下。

趋向补语 1：动词+来/去。

如：进来/出去。

HSK 五级则侧重考查趋向补语的抽象用法即性状的发展趋势，例句展示如下。

趋向补语 2：动词+趋向补语。

如：热闹起来/瘦下来。

九、重视纠正学习者的语法错误

因为学习者对语法规则的掌握总是在试错过程中实现的，中介语的性质决定了偏误的存在是正常的，所以教师要充分利用学习者的错误并加以指导分析。这可以从反面加深学习者对语法规则的理解，也能引导学习者进行母语与目的语或者目的语内部相关语言点的对比分析。不过，纠正语言偏误不是随时随地进行的，要掌握场合、时机和策略。比如在机械性练习和有意义练习环节，练习内容主要是针对学习的语言点本身，学习者输出的内容也比较简短，教师可以在学习者输出完成后对一些普遍性偏误或个性化偏误进行纠正，纠正时也要遵循精讲多练原则。同时，教师要注意不要一次性纠正过多语言点，纠正的频率也要顾及学习者的情感因素，对于一些顽固性偏误或个性化偏误可以分阶段长期改正。

第三节　对外汉语重点语法教学的特点

一、语法教学中要突出教学语法

对外汉语语法教学的任务和目的不是传授语法知识，而是为培养学习者的语言交际能力服务的，因此第二语言教学中所教授的语法首先要跟理论语法有所区别，突出教学语法的特点。我国语言学家吕叔湘（1991）曾说过："一个语言形式可以分别从理论方面和用法方面进行研究。"从理论方面进行研究，重在构建一种框架体系，使之能够系统地解释观察到的语法现象，包括社会上最新的语言现象，它研究的是语言形式"在语句结构里的地位：是哪种语法单位？是句子或短语里的哪种成分？跟它的前边或后边别的成分是什么关系"，一般称为理论语法；而从用法方面进行研究，需要在明确意义的基础上，重点研究语言形式"出现的条件：什么情况下能用或非用不可？什么情况下不能用？必得用在某一别的成分之前或之后"，这称为教学语法。可以看出，理论语法是教学语法的基础，教学语法和理论语法互为补充，两种研究相互促进，不过两种研究的目的、方法大不相同，因此在对外汉语教学中切不可将理论语法直接教给外国语言学习者。

二、语法教学具有针对性

对外汉语语法教学的一大特点就是学习者容易受到其第一语言迁移作用的影响，这种迁移如果教材编者和教师处理得当会成为有助于掌握目的语的正迁移，如果处理不当甚至不做处理就容易造成负迁移，从而导致学习者语法偏误的出现。

陆俭明（2000）在谈到对外汉语语法教学应该教什么时认为，语法教学除了教汉语本体语法外，还需要教汉语和学习者母语（比如英语）在语法上的异同。汉语和学习者母语（大多数情况下是汉语和英语的比较）在语法上有哪些共同点？主要的差异在哪里？哪些差异容易影响学生对汉语的学习？因此，对外汉语教材编写者和教师要对所有学习者的共同难点进行重点编写和教学，对不同母语背景的学习者容易出现的特殊难点也要有所考虑，也就是语法教学要有针对性。一般来说，以英语为母语的学习者的语法难点有：形容词谓语句、无标记被动句、带各种补语的句子、"把"字句、"是……的"句、比较句、量词用法、方位词用法、长定语、大数目称说法、话语连接以及表示动作的态的"了、着、过"的用法等。这其中的大部分，对任何母语背景的外国学习者来说都是难点。

语法教学的针对性还体现在对学生在汉语学习过程中的常见偏误的集中教学。外国学习者的语法偏误总是有一定的规律性和相似性，教师要根据学生的这些普遍性偏误采用点拨式教学法有针对性地进行纠正。比如以英语为母语的学习者经常说这样的句子：

＊哥哥比弟弟很高[①]。

＊西瓜比苹果好吃极了。

这种偏误在英语区和法语区学习者中比较常见，教师就需要结合这样的病句给学习者讲讲"比"字句中表示程度的词语的使用问题。那么，教师是否应该在一开始教"比"字句时就把表示程度的词语的规则全部给学生讲一遍呢？陆俭明（2000）认为"不能，也不必要"。这种一股脑儿地把语法规则倒给学生的做法很难使学习者消化吸收，甚至容易把学生搞糊涂。因此语法教学时应该具有针对性，多采用"就事论事"的点拨式教学法。有些教师针对学习者的口语和书面语偏误，专门开设病、错句分析

---

① 凡标有"＊"的句子均为偏误句。

课，或者在课堂上专门拿出固定时间分析学习者的语法偏误，受到了学习者的欢迎，也取得了较好的效果。

对外汉语语法教学的针对性还体现在，面向儿童的语法教学一般采用潜藏式教学法，这是因为儿童受制于认知发展，无法理解语言规则和语言结构，同时他们在语言发展关键期内主要通过内隐习得获取语言能力，即学生通过传意的语言活动把语言内化，或只进行句型教学不附加语法说明，学生在大量同句型句子的操练基础上内化相关语言规则。

三、语法教学要简单化

对外汉语语法教学简单化首先指教学语言简单化。也就是说，教师在进行语法教学时要尽量避免使用理论语法中抽象难懂的语法术语，同时要把一条条语法规则拆分教学，用通俗、简单、容易理解的语言让学生明白语言规则。比如，有的教师在讲"把"字句时直接告诉外国学习者："'把'字句是指在谓语中心词前面用介词'把'组成介词短语作状语的一种主谓句，意义上表示对事物加以处置。"这样的解释不仅使学习者无法理解，还会产生一系列疑问，比如学习者可能会问老师什么是"处置"，什么叫"介词"，这样容易把对外汉语技能课变成对学习者来说晦涩难懂的语法研究课。

其次，简单化还包括教学语法内容的简化。汉语中哪些语法点是必须而且最急需教给学生的？本人认为，2021 年教育部和国家语言文字工作委员会发布的《标准》已经较好地解决了此问题。据了解，该《标准》中的《语法等级大纲》依据 3 000 余册国际中文教材语法点频率统计编写，参考 11 部国际中文教学大纲与标准的研制成果，结合汉语语法本体研究成果与汉语教学实际研制而成。《语法等级大纲》属于通用性大纲，分为 12 大类语法项目，共有 572 个语法点，按照最新的 HSK 等级标准从一级到九级排列，基本涵盖了从需要教给外国学习者的初级到高级的语法点。

四、语法教学具有趣味性

由于语法规则具有抽象性，学习和理解起来容易枯燥，特别是在外国学习者进行第二语言教学时，由于很难用大量的例句和语法术语解释说明语法规则，语法学习对外国学习者来说就更容易晦涩乏味。因此教师在课堂上讲解语法规则时要尽量生动、形象，具有趣味性，尤其是语言点的导入和操练环节。比如在学习"把"字句时，教师可提前准备一个有意思的教具，可以是一束花、一个蛋糕、两个苹果等，再通过现场演示和请同学演示的方法导入、讲练该语法点。例如：

教师拿出一块小蛋糕，放到桌子上，然后问学生："我把蛋糕放到哪儿了？"

学生："老师把蛋糕放到桌子上了。"

接着教师把蛋糕给一名学生，然后问："我把蛋糕给谁了？"

学生："老师把蛋糕给大卫了。"

接下来教师问学生喜欢吃蛋糕吗，并请学生吃一口（教师一定提前了解该学生是否喜欢吃蛋糕，是否对某些食物过敏），然后问："大卫做了什么？"

学生："大卫把蛋糕吃了。"

教师："大卫把蛋糕吃完了吗？"

学生和教师："大卫没有把蛋糕吃完。"

在这样采用情景演示法充分导入后，教师可对该语言点进行讲解并操练。

需要指出的是，趣味性并不意味着一定要做游戏，教师通过巧妙的设计，适当运用教具使课堂情景化、形象化、交际化都能大大增加课堂的趣味性。

第四节　对外汉语重点语法教学的方法

对外汉语语法教学区别于一般的汉语语法教学：一是教学内容不同，一般的汉语语法教学注重日常积累，对外汉语语法教学则更注重语法的集中学习，强调对比、辨析和应用；二是教学对象不同，前者的教学对象为第二语言学习者。这类群体容易受母语负迁移的影响，因此要强调句型教学，特别是初级阶段。到了中高级阶段则要加强语法形式的语义和语用教学。语法教学实践的核心是教学法，本章将着重讨论以下教学方法：直观法、归纳法、演绎法、对比法、归类法、任务型教学法、情景教学法等。

一、直观法

直观法，是指利用实物、图画、表格、示意图、符号、公式等辅助手段，将抽象的定义通过具体形象的图示表现出来，便于学生理解和掌握。采用直观教学方法，使用可看到、听到、触摸到的实物或模拟形象，使学生获得语言的感性认知，这样既能集中注意力在汉语的习得上，又可以避免和减少母语和其他语言对汉语学习的影响和干扰，加强学生对语言文化的理解，学生减轻对母语的依赖，从而更容易将注意力集中在教和学本身。结合以往汉语课堂教学实践经验，这里重点介绍两种典型直观教学方法：

第一，肢体教学法。教师用相对夸张、丰富的手势动作和肢体语言发出简捷明确的信号，替代语言符号辅导教学。手势和肢体语言形象生动直观，能够使学生感到轻松愉悦，进而活跃课堂气氛。例如以"上武术课"为话题，课文中包含"跑、跳、伸、抬"等动词，教师即可借助夸张的肢体动作和表情，让学生在轻松的氛围中理解记忆这些生词。紧接着教师可以由"跑"扩展出"跑步、赛跑、跑道"，由"跳"扩展出"跳高、跳绳、跳舞"。由"伸"扩展出"伸头、伸胳膊、伸手"。由"抬"扩展出"抬头、抬起"。既能很好地区分"跑""跳"和"伸""抬"的语义，又能身心得到放松在运动中学会这一功能表达。

第二，游戏教学法，指通过游戏的形式教学，课堂在欢乐活泼的活动、竞赛和游戏中进行，学生通过有趣的游戏自然而然掌握课本上的语言知识。语言学习中兴趣是最好的老师，只有学生感兴趣了，才能充分挖掘其学习潜力，进而投入更多精力在学习上。游戏教学法具有两个不可或缺的特性：一是以直接获得快感（包括生理和心理的愉悦）为主要目的；二是主体参与互动。主体参与互动是指主体动作、语言、表情等变化与获得快感的刺激方式及刺激程度有直接联系。例如，用"传话筒"游戏强化语法句型教学。教师在教完某句型结构时，即可通过学生分组传话的方式检验对句型的理解和记忆情况。教师首先将进行学生分组，把句子告诉每组的第一个人，然后让他们同时用耳语告诉同组的下一个人，最后的一位同学将句子写下来交给老师，最后看哪一组传话、写话又快又准确。这一类的游戏趣味性强，且具有竞赛性，能够激发学生的胜负欲和参与感。

除了以上两种方法，还有诗歌朗诵、音乐欣赏、旅游体验等方式，都能够寓教学内容于具体形象的情境之中，潜移默化，寓教于乐。直观教学的快乐体验有层次之分，只有最终通往语言的洞见或领悟，才能维持和稳固学习兴趣。但是直观不等于简单地看，而是一种有深度的本质直观，教师可通过学生的表情、神态、坐姿、手势、说话等了解课堂教学的效果；

学生通过直观活动，领悟语言中有规律性的知识点，这不仅给教师以反馈和反思，使教师调整自己的教学内容与进度、改善教学态度、教学方法，而且还会使教学现象中蕴涵的社会文化属性展露出来。

例如"主谓谓语句"的教学导入可采用直观法进行，教师可先展示一组照片：一张是麦克，个子高，头发短；另一张是玛丽，个子矮，头发长。教师也可用简笔画突出两人的相貌特征。

接下来，教师指着第一张图片进行提问，并引导学生说出："麦克个子高，头发短。"如果学生的汉语水平有限，教师可直接展示例句，再要求学生重复。然后，教师继续引导学生说出："玛丽个子矮，头发长。"

学生在熟练掌握该句型结构之后，则可以用简单的图示进行反复练习，使学生了解这一句型结构的特点和功能。"麦克个子高，头发短"中的"麦克"相当于一个大的话题，"个子高"是对他的第一个评论，"头发短"是对他的第二个评论。如果学生水平在初级阶段，那么不要超过两个评论为好，评论内容可包括能力、习惯或比较等。教师须注意提醒学生，在第一个和第二个名词中间不能加"的"。

二、归纳法

归纳法，指在语法教学过程中教师先展示语法规则，然后用实例说明语法规则，便于学生自行替换、生成和扩展。通常，在对外汉语课堂中教师会把语法规则归结为若干句型，把句型具体化为一些例句，先让学生接触例句，再通过模仿、类比、替换、操练，帮助学生理解掌握。归纳法是一种由实践到理论，再回到实践进而检验理论的方法。这种教学法适合不太抽象的、简单的语法，符合学生的认知规律，突出实践操练。对外汉语教学过程中使用该方法有助于发挥学生的主动性，培养观察能力、分析能力和概括能力。在课堂教学上，教师可以首先让学生接触具体的语言材料，然后教师引导学生总结出语法规则，最后运用语法规则进行操练。但是，这一教学法的缺点也显而易见：一是耗时，引导过程需要留给学生足够的时间思考；二是语法规则缺乏系统性和完整性，不利于识记。因而教师要注意发挥自己启发、引导的作用，注意课堂教学的效率。

例如，在教比较句时：

第一步，教师引导学生说出例句。

（1）男生比女生多。

（2）男生比女生多五个。

（3）男生比女生多一点儿/一些。

（4）男生比女生多得多/多了。

（5）男生没有女生多。

第二步，教师逐步引导学生总结语言结构。

（1）A+比+B+形容词。

（2）A+比+B+形容词+数量短语。

（3）A+比+B+形容词+一点儿/一些。

（4）A+比+B+形容词+得多/多了。

（5）否定形式：A+没有+B+形容词。

第三步，综合强化操练。

再如，教师在教授副词"才"的用法时，可以先通过系列例句引导学生自己发现规律。

（1）我这件衣服才 2 000 元（"2 000 元"表示数量少）。

（2）她花了 2 000 元才买了这件衣服（"2 000 元"表示数量多）。

（3）麦克今天早上 8 点半才到学校（"8 点半"表示时间晚）。

（4）玛丽今天早上到学校才 8 点半（"8 点半"表示时间早）。

（5）杨叔叔 30 岁才结婚（表示岁数大，时间晚）。

（6）杨叔叔结婚才 30 岁（表示岁数小，时间早）。

教师引导学生总结规律：带"才"的句子既可以表示时间晚、数量多，又可以表示时间早，数量少。这两个语义是互相矛盾的，但很明显有规律可循。教师可带领学生继续总结如下规律："数量词+才"通常表示数量多、时间晚；反之"才+数量词"表示数量少或时间早。通过这样的方式归纳，学生才能很好地区分两个语义之间差异。接下来，教师可以提供若干数量词和语义限制，要求学生进行造句练习。需要说明的是，表示时间早晚、数量多少、年龄大小等，往往体现一种主观心态，在"才"字句中客观的时间、数量、年龄不是起决定作用的，关键是看它所处的位置。因而，教师总结规律正是该句法结构对语法意义的一种制约，学生需要的正是这种简明的规律。

三、演绎法

与归纳法相反，演绎法是一种从理论到实践的方法。这种教学法是认知教学法流派一直提倡的，对一些抽象的、较难的语法比较适用。课堂上，教师先讲解语法规则，再举例子说明，让学生按规则进行操练和应用。这种教学方法直截了当、容易控制、节省时间和精力，反而不利于发挥学生的主观能动性。演绎法强调语法教学的系统性、完整性，往往偏重于形式方面的讲解和操练，在意义方面可能显得比较薄弱。运用演绎法时，教师须注意防止简单的灌输式教学。

例如，在教"主语+把+名词+动词+趋向补语"结构时：

第一步，教师带领学生逐步复习把字句的基本句型结构"主语+把+名词+动词"和"趋向补语"。

第二步，教师展示"主语+把+名词+动词+趋向补语"这一结构，强调动作的方向性。举例子说明：

（1）他把书装进去了。

他把书取出来了

（2）她把箱子放上去了。

她把箱子拿下来了。

（3）他要把书装进去。

他已经把书装进去了。

（4）他没把书装进去。

第三步，教师强调时间词的位置以及该结构的否定式，再完成课堂活动和任务。

再如，句末"了"有两种用法，为避免学生混淆，教师可采用演绎法进行教学。教师展示三组有联系的图片，分别是：

（1）凉水→半开的水→沸腾的水。

（2）炎热的天气→不冷不热的天气→变冷的天气。

（3）绿色树叶→半黄半绿树叶→黄色树叶。

教师课引导学生说出：

（1）水开了。

（2）天凉了。

（3）树叶黄了。

紧接着，教师可板书：句末"动词（形容词）+了"表示事物发生了变化。待学生理解结构语义后，教师可展示以下例句：

（1）马克不去北京。

（2）马克不去北京了。

接着，教师提问句（1）和句（2）的区别。

根据学生的回答总结：句（1）表示他的打算和决定。句（2）表示他原来是打算去北京的，但是现在改变主意了，不去了。这是"了"的第一种用法，表示发生了变化，出现了新情况。

教师继续展示第二组例句：

（1）王娜很早就结婚了。

（2）我很早就认识麦克了。

教师解释句（1）的句义不是王娜有什么新变化，而是用一种肯定的语气告诉听话人这一事实。王娜不是现在才结婚，是很早就已经结了。这是句末"了"的第二种用法，表示肯定某一事实的语气。

第四步，教师展示第三组例句：

（1）这里的衣服太贵了。

（2）她的眼睛太大了。

句（1）和句（2）是"太……了"的感叹形式，表达说话人强烈的感情。这是句末"了"的第三种用法，表示强烈的感叹语气。

第五步，教师展示一系列含有句末"了"的句子，让学生朗读并分析。

四、对比法

对比法是习得第二语言最常见的教学方法，原则部分已经提到，在此举例说明：

（1）新旧对比

在语法教学中，对比的方法是一种常用而有效的手段，有时是单一的新旧知识的对比，有时可以是旧知识与其他相关的多项旧知识的对比。例如可能补语的讲解以及"被"字句的讲解。

（2）汉语内部对比

例如："再、又"这组副词的讲解；"动词+着"和"在+动词"两种形式的用法。

再如教师在教授关联词"即使……也……"时，可以把它与已经学过的"既然……就……""虽然……但……""如果……就……"进行对比，教师在讲授时可以先展示以下四个例句：

既然下雪，我就不去了。（表事实，不转折）

虽然下雪，但我还要去。（表事实，转折）

如果下雪，我就不去了。（表假设，不转折）

即使下雪，我也要去。（表假设，转折）

教师带领学生通过以上对比，进一步分析例句。从表达角度来看，这四种句式要注意所说的是不是事实，如果是事实，就应该选择用"既然"或"虽然"，如果不是事实，则应该选择"如果"或"即使"。

（3）汉英对比

如中英文人称代词的对比，教师直接把汉语的表达法和英语的表达法放在一起对比，以便发现规律，例如：

you：你/你们。

he（他）/she（她）/it（它）：tā。

教师引导学生总结其规律：第二人称的单复数，英语都用 you，而汉语分得清楚；三种第三人称，汉语发音都一样，都念 tā，因此在口语中有时容易混淆。

如中英文所有格对比，英语中的所有格有主格、宾格的不同，而汉语中格式统一而简单。

我的（my，mine）—我们的（our，ours）。

你的（your，yours）—你们的（your，yours）。

他的（his）—他们的（their，theirs）。

她的（her，hers）—她们的（their，theirs）。

从实际出发，汉英对比分析，不仅具有可操作性，还具有示范性，学生即使不熟悉英语，也可以仿照汉英对比来进行汉语和母语的对比。汉英对比分析可以分为语音对比、词汇对比、语法对比以及在语义、语用或文化背景层面上的对比。外国学生初次接触汉语，自然处处新鲜，处处可比，但进行对比分析的主要目的不在于增加知识，而在于解决实际问题。

五、归类法

归类法又叫句型法，是从具体语言材料到语言材料，既不同于归纳法也不同于演绎法。归类法有结构归类和功能归类，它把语法规则归结为若干句型，把句型具体化为一些示范句。教师先让学生接触示范句，然后通过模仿、类比、操练，让学生掌握语言技能。

例如，讲解选择疑问句时，教师先引导学生回答。

A：你们昨天赢了没有？

B：没赢。

然后让学生替换练习。

A：你们 昨天 赢 了 没有？　　B：没 赢。

看书　　　　　　　　看

工作　　　　　　　　工作

见面　　　　　　　　见面

显然，这个练习的用意是要学生熟练掌握"……了没有"这一疑问方式以及否定回答"没……"。类比法比较直观、通俗、实用，缺点是不利于帮助学生理性地把握语法系统，语法知识往往比较零散。

六、任务型教学法

任务型教学法是以具体的任务为学习动机，学习的过程就是完成任务的过程。Ellis（1990）认为学习者所需的并非简单的语言形式，而是可以理解的输入和有效的输出机会，因此他提出语言课堂的"变化性互动"任务，学生在完成任务的过程中，运用目的语进行理解输入和交际输出，从而自然而然实现目的语的习得。这种教学方法强调教师在设计课堂任务时要从学习者的角度出发，使学生在任务之初就明确目标，任务中实际上是一个连续上升的过程，任务完成后学生从中总结经验，为今后的语言学习提供帮助。在任务前，教师负责介绍任务目标、任务内容，制定一些合理的任务规则，继而引导学生开始游戏；学生则需要认真倾听任务要求并做好记录。在任务中，教师负责监督任务实施，给予相应的指导帮助；学生则要具体分工，讨论执行。在任务后，教师负责纠错评价，学生可反思总结。

任务型教学法的优点显而易见，学生在任务进行过程中既有真实的角色，又能体验真实的交际场景，进而提升学生自身发现问题、分析问题、解决问题的能力。这种教学法的缺点较为突出，一方面任务中伴有诸多不确定因素和突发情况，过程很难把握，另一方面一些学生若因表达或理解受限，容易产生紧张焦虑等情绪，这种情况下不仅无法有效实现交际目的，反而打击学生的自信心。总之，一切任务活动都要以学生需要、课堂需要为前提。

以《长城汉语：生存交际2》第五单元"购物"这一课中的语法教学为例，该课的学习目标是学会表达人民币的单位，询问日常用品的价格并能够购买物品。语法点包括钱数的表达，"不A也不B"格式以及双宾语句。按照任务型教学法相关步骤，该课语法教学设计如下。

任务前，首先集中学习商品名称量词搭配和钱数表达，并制作表3-1，其次学习语法"不A也不B"结构和双宾语句。

表3-1 商品名称量词搭配和钱数表达

类别	中文	拼音	量词	金额
食品类	面包	miàn bāo	块	10元
文具类	铅笔	qiān bǐ	支	2.5元
生活用品类	镜子	jìng zi	面	18.3元

任务中，小组完成教师指定的购物任务，并拍摄完成购物视频。此过程要求：

（1）记录购物过程中使用的"不A也不B"结构和双宾语句。

（2）记录所购物品价格并分类制表。

（3）用本课所学语法结构撰写购物报告。

任务后，教师对专题进行总结，学生查漏补缺。教师也可对任务发布、任务实施、任务心得进行问卷调查，跟踪了解学生对专题语言点的掌握和实践情况，进而在以后的教学中及时调整。

七、情景教学法

情景教学法，何谓情景，就是由教师有意识、有目的地营造和优化的场景，将词语置于合理的上下文中或创造难以忘却的语境，带有一定的情感色彩，具有生动具体的形象，在教学过程中激发学生积极健康的情感体验，这样轻松平和、愉快振奋、耳目一新的情绪体验有助于内化和深化语言知识，提高学生的学习积极性。

情景教学法是指依托多媒体技术，借助图片、影像、声音、动画等形式，将某个语言点在所创设的真实、合理的情景中进行展示、练习和运用。学习者可借助具体情景直观理解语法意义和规则，无须教师过多解释。实验心理学家Treicher提出人类最易获取信息的途径分别为：视觉>听觉>嗅觉>触觉>味觉，人类对自己看到和听到的内容记忆效果最好。艾宾浩斯遗忘曲线也告诉我们：人类对形象生动的内容、通过多感官记忆的内容、自己感兴趣的内容遗忘速度最慢。因此，对外汉语语法教学需要调动多感官，借助多媒体手段创设情景，再引导学生在适当情景中使用正确语法表达交际需求。

前章提到，对外汉语语法教学要体现动态式的"精讲多练"原则，如果采用单一的教学方法，学生难免会枯燥乏味。同理，教师创设教学情景时应尽可能体现实用性、互动性、趣味性、针对性等原则，有目的地引入或创设具有一定情绪色彩的、以形象为主体的生动具体的场景，才能引起学生的体验兴趣，提高学生灵活应用语法结构的能力。

例如学生在学习"动作的进行态"中"动词+着"表示事物存在这一语法时，可以利用一些真实生活场景，帮助学生理解这一语义，并引导学生说出"墙上挂着一幅画""桌上放着一本书""沙发上坐着两个人"等句子。学生能够借助该场景切实感受抽象的语法形式是在实际生活中的用处，从而增强他们的学习动机，激发他们的学习积极性。又如教师在操练"把"字句时，可以让学生观看一段做中国菜（如西红柿炒鸡蛋）的视频，再让学生用"把"字句说出做菜的步骤，练习"把西红柿切成块""把油倒进锅里""把鸡蛋炒熟"等句子。学生在介绍做菜步骤时，即可在熟悉的生活场景中使用"把"字句谈论做菜经验，自然会比机械地操练效果好得多。

再如，教师在教"一……就"这一句子结构时，使用情景教学法较为贴切。教师利用情景提问导入，先问学生："姐姐下班回家做的第一件事情是什么？哥哥下班回家做的第一件事情是什么？"预计答案可能是"看电视、做饭、洗手等"。

根据学生的回答，教师可以将例句直接板书出来："姐姐一回家就做饭""爸爸一回家就看电视"。

教师讲解："'一……就'结构表示做完一个动作以后马上开始第二个动作。"紧接着，教师可通过动作引导学生，一边做动作一边说"我一进门就关上手机""我一进教室就打开电脑""我一看书就想睡觉"等，进而完成对该句子结构的学习。

第五节　对外汉语重点语法教学的过程与技巧

　　语法是语言组词造句的规则，世界上任何一种语言都有语法。汉语的语法形式与印欧语言有所不同：印欧语言以形式标记为特点，而汉语语法侧重于一种语义语法。因而汉语语法不具备印欧语言和其他语言的特点：汉语缺乏严格意义的形态变化；语序和虚词是主要的语法手段；汉语的词类和句法成分并不一一对应；汉语中常常省略虚词；汉语中的量词很丰富；句子构造规则和词组构造规则基本是一套；汉语重意合；等等。除此之外，汉语还有很多特殊表达，如量词的用法、各种补语的用法、"的/地/得/着/了/过"等虚词的用法、"把"字句、"被"字句、存现句、连谓句、双宾句等。这些特殊句式和结构都是外国学生学习的难点。

　　作为对外汉语教师，首先要了解和把握汉语的语法特点，其次才能有针对性地开展教学。在教授外国学生汉语语法时，我们往往还会去探究那些中国人约定俗成，一致赞同的语法项目。这些项目对外国人来说可能是个问题。对于语法规则的阐述，其重点不仅仅在于语言结构特点的讲解、对语法系统和规则的说明，更重要的是在于对语义、语用的说明，其主要目的是帮助学生理解语法规则，掌握语法表达的使用规则和使用限制条件。外国学生语法学习的目的很明确，为了准确流利使用其规则而非研究。这是汉语语法教学中的原则，也是对外汉语语法教学的一大特色。

　　因此，汉语语法教学过程中我们必须要明确一点：对外汉语语法是教学语法而非理论语法；是教语法知识而非教语法学知识；是教外国学生语法而非教本族人语法；教学更多的是从意义到形式而非从形式到意义；是分析的语法更是组装的语法；是描写的语法更是讲条件的语法；是在交际中对比讲语法的过程。在语法规律总结方面，我们要强调概括性和实用性。换句话说，教师总结和概括的语法规则符合绝大部分语言运用事实，同时在描述语法规则时语言简明扼要，便于记忆。汉语课堂上的语法教学有隐性和显性之分，教师要尽量减少语法术语的使用，如"动态助词"这一术语教师可以直接用"动词+着""动词+了""动词+过"的格式来表示，简单明了。其次，语法结构相对应的例句很重要，可以帮助学生自行体会感受语法规则和使用条件。此外，教师总结语法规则时还要兼顾针对性、启发性、灵活性和阶段性。

单从对外汉语课堂的角度来看，汉语语法教学是整个课堂中最核心的部分，它与词汇教学、课文教学、课堂练习相辅相成。很多初级汉语教材都是以汉语语法结构为纲进行编排的，即每课围绕一个或两个语法点。有的中级汉语教材在语法点设计上会多一些，三个、四个甚至五个。本章将按照对外汉语语法教学的过程，分别讨论各个步骤可采用的一些技巧。我们以综合课为例，课堂语法教学大致包括以下过程：展示语法点—解释语法点—练习语法点—归纳语法点。本章将对以上四个环节分别进行讨论。

一、展示语法点

展示语法点顾名思义是指在教学中将语法点进行"引入"的过程，也就是我们通常所说的导入。语法点的导入即教师把即将所学的语法点介绍给学生，学生首先要理解语法结构意义，其次掌握结构的形式，最后在特定的交际场景中灵活使用该语法结构，从而实现意义形式和功能相统一，只有这样才能实现该语法结构的最终教学目标。课堂语法教学枯燥无味，但如果教师能设计好一个巧妙的导入，就能迅速吸引学生的注意力，激发学生强烈的求知欲，使学生很快进入最佳状态，为一节高效的汉语课做好准备。教师展示语法结构是课堂教学的第一步，展示得法，可以帮助学生更好地理解意义和用法，起到事半功倍的效果。一次成功的展示应该做到自然、有效、贴切，同时又能活跃课堂氛围。对外汉语语法展示的方法有很多，我们可以根据具体教学内容和课堂情况选择适当的技巧。

（一）图片展示

网络可以为汉语教学提供海量的图片库，教师可以在网络上找到丰富的相关图片。教师通过对这些图片的描述、提问或言简意赅、提纲挈领的导语，逐步引入新课语法点，激发学生的内动力，从而为课堂教学助力。

比如教师在教授"比"字句时，教师可以图片展示三张人物图片以及他们的身高：小刚 1.75 米；小明 1.67 米；小丽 1.56 米。紧接着，教师直接提问：他们谁比谁高？

引导学生说出：小刚比小明高。

小明比小丽高。

小刚比小丽高。

再如，教师可收集一些如打电话、逛商店、逛公园、散步、打太极拳、练功夫、踢足球等图片，由教师或学生用"谁正在做什么"这样的句式来描写，引入动作正在进行的句型。也可以直接在相关图片下面写上所要引出的句子，如"他们正在喝咖啡"等句子。

再如，教师在介绍存现句、方位词时，可以利用国家、城市地图或者校园简笔画，由教师或学生说出地点或建筑物的方位。

（二）音乐展示

音乐给人以灵感，陶冶情操。上课前教师可以适当播放一些学生喜欢的汉语歌曲，通过歌曲既能愉悦身心，又能激发大家对汉语的兴趣。如教师可以编写一些量词歌曲，让学生一边听歌一边填写相应量词。针对年龄偏小的学生，我们可以通过一些儿歌来进行教学，更易吸引学生的注意力。

（三）预先展示

在教授目标语法点之前，教师可以有计划地对目标结构进行提前展示。如在教"把"字句之前，教师可有意识地经常使用"请把书打开""请把书合上""请把头抬起来""请把字写下来"等课堂用语，学生再接触该结构时就会较为轻松。再如，学生学习完身体部位词时，紧接着学习"太+形容词+了"和"形容词+点儿"结构，教师可先将学生进行分组，小组临摹一幅图画，例如画一个人的轮廓图。由一人执笔，其他人提示和评价，评价可使用"头太大了""耳朵太低了""嘴太小了""眼睛大点儿"，提前演练这一结构的使用和表达。

（四）提问展示

通过师生提问的方式，将即将要学习的语法点展示出来。在开始时，教师可以问："同学们知道我们今天要学习的语法点是什么吗?"待学生陆续说出答案后，教师选择正确的或纠正过的进行板书展示。提问展示可以启发学生思考，同时又能调动学生参与的积极性。当然，这种导入技巧的前提是教师提前布置预习任务。

例如，教师说一句话或一件事，学生们就这句话或这件事的各个方面进行提问：

教师：周末我去朋友家玩了。

学生1：周末什么时候去的?

学生2：你怎么去的?

学生3：你和谁去的?

教师一一回答：我是周六上午去的。

我是开车去的。

我是一个人去的。

教师在进行导入前事先规定问题要和教师说的话有关，不能犯规，人多的时候可以进行分组。这种导入方式可以提前帮助学生理解"是……的"句式表强调的用法。

再如，讲时量补语，教师提问："我们每天上几节课？"（几小时课？或多长时间课？）引导学生说："四小时课。"进一步让学生说出"我们每天上四（个）小时的课"。

再比如讲动作即将发生。教师提问："马克的朋友十一月五日来上海。今天是十一月二日，你们怎么说？"引导学生说："玛丽的朋友快（要）来上海了。""玛丽的朋友要来上海了。""玛丽的朋友十月五日就要来上海了。"教师此时可归纳表示某一动作行为将要发生的句型："快+动词+宾语+了""要+动词+宾语+了""快要+动词+宾语+了""时间词+就要+动词+宾语+了"。

（五）动作展示

教师利用身体语言将新句型引出。讲趋向补语，教师请学生从教室内走到门外，请学生说出："他走出去了。"进而引导说出："他走出教室去了。"教师还可以通过唱歌、跳舞、打太极拳等方式引入动作正在进行等各类句型。再如，介绍结果补语"开""上"等时，教师可以利用教室的窗帘、窗户等，做拉开窗帘或拉上窗帘、打开窗户或关上窗户等一系列动作。此种导入法简单易行、生动有趣。

（六）实物展示

利用教室现有的或教师提前准备好的实物，将语法点展示出来。如在教授表领属意义的助词"的"时，教师可以直接用自己的物品或学生的物品作为道具，引导学生说出：

这（不）是老师的书。

这（不）是我的笔记本。

这（不）是他的水杯。

这（不）是她的铅笔。

二、解释语法点

语法教学是对外汉语教学中的难点也是重点，很多教师会采用翻译的方法进行讲解，其实从专业的角度出发并不提倡这样的做法，解释语法点通常可从形式、意义、功能三方面去考虑，再配合语境的训练，学生就基本可以掌握了。首先，教师对语法点的形式加以解释，一般包括结构本身、相关结构（肯定式、否定式、疑问式等）、必要成分、语法成分的排列顺序（如时量补语"我今天开了三小时的车。""我开车开了三个小时。"）和虚词的位置等。必要时，教师要指出新旧语法点之间的联系和区别。其次，对语法意义的解释是告诉学生语法点的语义特点，充分利用已学语法结构，帮助学生理解新语法点的意义与特点。最后，语法功能解释即进一步明确语法结构使用条件及环境，必要时区分相近语法的不同。学生对语法功能的掌握需要通过大量的、不同场景的交际练习实现。

解释语法点的方法归纳如下。

（一）公式解释

公式解释是通过简单公式将原本复杂的语法结构展示出来，简明扼要，便于帮助学生理解和掌握。其可以写在黑板上，也可以做成图表或卡片。板书时量补语的三种形式如下：

她学汉语学了三年。

她学了三年（的）汉语。

汉语她学了三年了。

再如，教师在教授"比"字句的结构时，可以循序渐进地将该句型结构进行解释：

A 比 B+形容词；

A 比 B+形容词+数量；

A 比 B+形容词+得多/一点儿；

A 比 B+动词+得+形容词；

A+动词+得+比 B+形容词。

再如，教师在区分"一点儿"和"有点儿"时，可以用公式解释比较容易区分和理解：

"有（一）点儿+形容词"可以用来表达自己的感觉和评价；

"形容词+一点儿"可用在比较的时候。

（二）以旧释新

以旧释新指用已经学过的在形式上有联系、语义上有对等或相近的语法形式解释即将要学习的语法项目。如学生在学习"被"字句时，可以联系最初学的简单句式和"把"字句进行解释：我关了门→我把门关了→门被我关了。

再如，一个句子里同时出现几个表示时间的状语，其顺序的排列是外国学生学习中的难点。对此，可先呈现出其语序选择的规律（时间词—介词短语—副词），并进行例句展示：

我最近常常感冒。

她从现在起永远不吸烟了。

他昨天从早上七点一直睡到下午四点。

在使用此技巧时要注意，这种解释只适用于学生理解一个语言句式的语义。想要学生真正理解并应用，还要教师在适当的时机进行语用解释，对比它与相近语义的结构之间在语用上的不同。只有这样，才能实现语法结构、语境语义和语用功能相结合。

（三）内部对比

内部对比是通过对比汉语内部语法结构，说明相关联语法点之间的差异。一般来说，这种对比建立在学生充分理解原有语法结构的基础上，否则容易增加学生的学习负担。如存在句"P 有 N"和"N 在 P"的语义重点有所不同。"房间里有衣服"在于描写，"衣服在房间里"说明 N 的位置。当然，这种解释不包括疑问句和排比句。

再如，教师在教"之间""之内"和"中间"时，可以使用图 3-1 进行对比说明，学生很快就能理解。

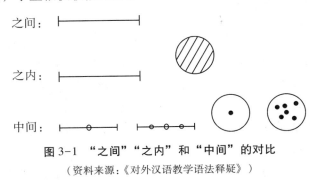

图 3-1 "之间""之内"和"中间"的对比

（资料来源：《对外汉语教学语法释疑》）

再如"边……边"和"又……又","以前"和"从前","三年前"和"前三年","除了……都"和"除了……也（还）"都可以使用图片对比进行解释。

（四）汉外对比

汉外对比将学习的语法点与学生母语中相应的语法结构和项目进行对比，达到理解的目的，如：

汉语和英语的基本语序：主语—动词—宾语；

日语和韩语的基本语序：主语—宾语—动词。

再如，不同点对比，如存现句：

处所+有+名词性短语/There + Be + NP + place；

湖上有一条船/There is a boat in the lake。

又如，在空间（地址）和时间（年、月、日）的表达上，汉语是从大到小，英语则是从小到大。

（五）说明功能

说明功能是指教师直接说明某结构的语法功能，如"太……了"表示程度或说话人的感情，如"太贵了""太好了"。

（六）推理解释

推理解释指教师利用学生的知识、经验，以及对事物的判断推理能力，讲练语法点。

例如，学习假设条件复句"如果没有 A，就没有 B"：如果用"父母和孩子的关系、鸡和蛋的关系"这种人们共知的认识来讲解，那么就不需要多讲解语法，学生通过简单的推理就能明白，并学会使用。

三、练习语法点

练习语法点是指在学生对所学语法点有了初步理解的基础上，通过大量的练习最终掌握语法结构的语义、语用和功能。练习语法点是语法教学最主要的环节，练习方法由浅入深分为：机械练习、有意义的练习和交际练习。交际练习是目标，是掌握语法规则最有效的方法。机械练习和有意义的练习的目的是熟练使用所学语法点，是通向交际练习的重要手段。

（一）机械练习

机械练习的目的是在简单情景中加深学生对语法点的理解，并通过反复的、高频的练习达到流利说出包含所学语法点句子的水平。同时教师也可以利用重复练习纠正学生的语法、语音、词汇错误。机械练习中需要注意的是练习应当建立在学生对语法规则初步理解的基础上，选择最适合做机械练习的结构。这种练习形式不怎么需要理解，包括替换、扩展、重复、模仿等。

1. 替换练习

替换练习是教师用所学语法点说出一个标准的句子之后，说明替换的位置，再由学生按要求说句子。替换句子或对话中的多个词组。例如：

我　骑自行车　去　长城。
　　坐火车　　　　深圳
　　开车　　　　　超市

2. 扩展练习

扩展练习分成三种类型：词的扩展、问答的扩展和句子的扩展。如教师在练习状语的位置时，可以做这样的练习。

教师：周末你打算去哪儿？
学生：我打算去超市。
教师：周末你跟谁去超市？
学生：周末我跟朋友去超市。
教师：周末你跟朋友怎么去超市？
学生：周末我跟朋友开车去超市。

（二）有意义的练习

有意义的练习，目的是进一步对语法结构进行练习，并在有意义的情景中使学生加深对所学语法点的理解，为下面的交际练习打下基础。因此有意义的练习，仍然是一种练习过程。

1. 改写练习

改写练习是指如"把"字句改写成"被"字句，肯定式、否定式和疑问式之间的互变。

2. 复述练习

复述练习是指教师展示简单对话或短文，学生听后进行简单复述。

3. 回答问题

教师简要解释语法规则，要求学生在该规则下回答问题，进一步加深对规则的理解。

（三）交际练习

交际练习，是指教师在课堂上创设情景，使学生真正将所学语法结构应用到课堂中来，根据特定情景筛选合适的语法结构进行问答、谈话、讨论或答辩练习。交际练习很多项目适合口语技能课训练，因此我们以口语课为例，讨论以下技巧。

1. 看图说话

看图说话是指利用图片，形象、直观、生动地练习对白或独白，如利用交通图练习问路句型，问某处有何物，某物在何处。利用家庭成员照片介绍自己的家庭等。

2. 口头描述

教师让学生描述一个事物或叙述一个过程。描述对象可以是人的外貌、穿着，学校的宿舍、食堂，也可以是一个活动、一场比赛、一次旅游等。例如要求学生用"把"字句描述包饺子的过程，教师可一边在课堂上做动作，一边让学生按照教师的动作来描述，学生可能说出以下句子：

先把白菜洗干净。

把肉放在绞肉机。

把白菜绞成白菜馅儿。把水挤出来。

把面粉加上水和好。

……

最后教师可以要求学生把完整过程说一遍，练习成段表达。

3. 角色扮演

形式如"召开记者会"。

4. 调查与报告

调查题目可根据学生水平，由易到难，逐步增加难度。

5. 课堂讨论

（略）

6. 辩论

辩论是一种较高级的语法练习活动，可以在中级、高级阶段使用。

四、归纳语法点

归纳语法点是语法教学最不可或缺的步骤之一，教师把前面零散出现的对于学生来说未形成系统的语法点，集中整合到一起，形成一个框架，帮助学生形成系统，便于理解和记忆。归纳语法点应当包括以下内容：

（1）语法结构的形式特点。

（2）语法结构的语义特点。

（3）语法结构的语用条件，如在什么语境下使用，由谁说，听话对象是谁，适合在什么场合说，适合什么时候说，出于什么原因说等，甚至说话时的语气、表情、动作要如何配合。

（4）遇到已学过的有相近语义、语用情况，易混淆的语法点要进行对比，重点放在"异"上。

（5）必要时可以与学习者的母语进行对比。

（6）指出该语法点常见的偏误和纠正办法。

归纳语法点越简明越好，一般有提问归纳、师生共同总结归纳、对比归纳、综合归纳等方法。举一个综合归纳的例子，教师在归纳时量补语时，可通过以下技巧进行归纳。

教师：今天我们学了哪些句子？

学生说出带有时量补语的例句。

教师：很好。谁能告诉我一个公式？

学生：主语+动词+宾语+动词+了+时量补语。（实例归纳）

教师：是的，我们可以说"我学汉语学了一年"。要是你学汉语还不到一年，怎么说？

学生：我学汉语学了还不到一年。

教师：很好，公式是什么？

学生：主语+动词+宾语+动词+了+还不到+时量补语。（对比归纳）

最后，教师将两种句式结构总结板书在黑板上，带领学生巩固学习，进行系统归纳。

第六节　本章小结

本章以《标准》中的语法大纲为依据，结合近年来语法教学的主要问题，认真总结教学实践经验，着重讨论了对外汉语重点语法教学的原则和方法。本章强调对外汉语语法教学的目标是解决如何有效地向学习者输入汉语语法知识，以及如何使学习者有效地输出汉语的问题。为解决这一问题，我们认为语法结构对比有助于强化学生对规则差异的理解，减少母语负迁移影响。此外，在语法点操练时要讲究适时、适度，应根据教学情况随机应变、灵活调整。为帮助外国学生实现语法形式和语义的对应，教师还应先从基本语义出发，寻找与意义相照应的表现形式。最后，在展示语法结构时要兼顾系统性和直观性以及语法关系的先后顺序。此外，本章还以第二章中的部分重点语法项目为例，阐述了对外汉语语法教学的方法，将原则和方法安排在这一章节，旨在建立研究理论和教学实践间的联系，更好地帮助学习者理解第四章的教学案例。

其中，第四节和第五节重点讨论了对外汉语语法教学的方法、过程和技巧，第四节结合实践案例说明了直观法、归纳法、演绎法、对比法、归类法等方法的操作及注意事项。第五节结合对外汉语语法课堂教学过程，分析了各个步骤可使用的一些教学技巧以及使用限制条件。以综合课为例，将课堂语法教学过程：展示语法点—解释语法点—练习语法点—归纳语法点分别进行讨论。总之，对外汉语语法教学的方法有很多，我们可以根据具体的教学内容和课堂情况来选择适当的技巧。

第四章 对外汉语重点语法教学偏误与题型

偏误是第二语言习得研究中的重要概念。其产生和发展有着多方面的原因，也具有一定的规律性和普遍性。学习者在习得第二语言的过程中，出现偏误是一种极其正常的情况。对于偏误的研究，即偏误分析，是第二语言教学及研究中的重要内容，也是第二语言教学者的必备任务。在汉语作为第二语言的汉语国际教育教学中，偏误是一个我们无法回避的话题，因此积攒必要的偏误语料，并对其进行科学、系统的研究，对汉语国际教育的发展有着举足轻重的意义。从实践的角度上来说，偏误也能够指导教师更好地教好汉语，帮助学习者更好地学好汉语。

第一节 偏误及偏误分析

一、偏误

偏误属于第二语言习得的研究范畴，指的是学习者在学习第二语言的过程中产生的不自觉地偏离目的语的现象，如果以目的语作为标准，学习者对目的语的使用会出现错误或不完善之处。

对于偏误的理解，我们需要首先界定偏误（错误）与失误的区别。偏误是学习者在输出目的语过程中出现的有规律的、系统的、不自觉的错误，是学习者在第二语言学习过程中由于认识不足或者产生偏差而产生的，自身难以发觉并自我纠正，需要教师给予恰当的指导。而失误更多地指的是一种偶发现象，其偶然性体现在学习者对于目的语规则清晰而未能正确使用，其原因可能是注意力不集中、疲劳、紧张等，失误较于偏误的不同之处在于学习者无须教师指导，可以自行纠正，失误本身也没有系统性、规律性的特点。

偏误是学习者在目的语学习中产生的错误，但其积极的作用就在于学习者的学习过程本身就是一个发生错误、发现并分析错误、改正错误进而不断提升自我的过程。因此教师应正面看待偏误，对于学生的偏误，最好的方式是不断启发，让学生自己意识到错误并且进行改正。

二、偏误产生的原因

偏误的产生，是多方面原因造成的，目前的研究者主要将其归因为迁移、语用失误、文化差异、学习方法及客观条件几个方面。

迁移指的是学习者在学习目的语的过程中受到母语及目的语规则的影响。迁移分为正迁移与负迁移。正迁移指的是母语或目的语规则对学习者学习目的语产生的积极的、促进的影响，如中国的英语学习者在学习英语"long time no see"时，汉语中的"好久不见"就会产生正迁移的效果。负迁移正好相反，是母语或目的语规则对学习者学习目的语产生的消极的、干扰的影响，如英语母语者在学习汉语时，时常会出现"我学习汉语在学校"的错误，因为英语中对应的句子为"I study Chinese in the school"。

偏误的产生会受到母语迁移及目的语迁移的影响。母语迁移的影响主要来自母语负迁移，出现在学习者学习目的语的初期阶段。学习者由于对目的语的规则不够熟悉，往往参照其母语，将自己熟知的母语规则转移到目的语的学习中，从而阻碍其对目的语的学习，产生大量错误。目的语迁移最为明显的是过度泛化，主要出现在学习者学习目的语的后期阶段，即学习者对目的语有了一定的认识，掌握了部分语言规律，在学习新的语言知识时，会将之前掌握的规则进行不恰当的类推和套用，从而产生一些错误。

偏误的产生也有可能是语用失误造成的，主要体现在学生对社交用语方面的错误运用。如汉语中的礼貌用语，在汉语中我们一般为了表示礼貌，对长者或者上级不能够直呼其名，一般会在其姓氏后加上头衔、职称等，但英美国家的学生由于文化差异，会直呼其名表示亲密，因此学习者会在学习汉语的过程中，产生称呼运用的偏误。语用的错误会直接产生表达的错误。

偏误还与文化差异息息相关。众所周知，语言是文化的载体，文化的差异会造成语言表达的差异。东方文化与西方文化差异比较大，东方文化历史悠久、内容广博，加上地域距离等因素，西方国家的学习者在学习汉语的过程中对于中国文化的了解和掌握是一个很复杂的过程，文化的误解或者掌握不充分造成的语言表达偏误也屡见不鲜。例如，在汉语中，很多与"狗"有关的词语都有着消极的义项，诸如"狗腿子""狗仗人势""落水狗""打狗看主人""狗咬吕洞宾，不识好人心"等，但在现代西方大多数的国家，狗都是作为宠物、人类的好朋友来看待的，就造成很多学习者对于以上词语的不理解、误用，甚至是厌烦和抵触。

偏误的产生还有可能是学习者的学习方法不当造成的。很多外国学习者在学习汉语的初期非常依赖翻译，将新学的词汇翻译为本国语言进行理解和记忆，但是在两种语言之间，很多的词汇无法找到完全对应的意义和指向，这就会造成学习者对汉语词汇的误用，将这些词汇组合成与汉语意义相差很大的句子，甚至是无意义、无逻辑的句子。另外，由于词汇的语义与语用的差异，过分依赖翻译也会造成对词汇语用功能的错误使用。

偏误还有可能源于一些客观条件。例如选用学习材料的编写错误，词典、参考书的编纂疏忽，从事汉语国际教育的教师的自身原因，地方口音、误导、解释不清晰等，都有可能导致学习者产生偏误。

三、偏误类型

偏误的分类是基于其在语言各要素中的分布情况而定的。鉴于此，我们可以把偏误分为语音偏误、词汇偏误、语法偏误、语用偏误及汉字偏误。本书主要讨论的是语法偏误。

对外汉语教学的语法教学可以分为词法教学和句法教学两个大类。本书选取的词类为 HSK 中的量词及副词，句类为句子成分、句子类型、动作的态、固定格式及复句。据此，我们将语法偏误分为相应的词类偏误与句类偏误。

四、偏误分析

偏误分析是对习得第二语言研究中的偏误进行的分析，由英国著名应用语言学家科德（S. P. Corder）于 1969 年提出。该理论认为第二语言习得者出现错误是语言学习过程中的正常现象，其所犯错误正是他们语言水平的反映，通过对所犯错误的分析，研究其来源和特点，揭示学习者中介语体系及其所存在的问题，从而了解习得第二语言的过程和规律。

偏误分析中所提到的中介语为美国语言学家塞林格（Selinker）提出的中介语假说中的概念。中介语即第二语言学习者在母语和目的语之间构建的过渡性语言，处于不断发展变化的过程中，是个连续体，逐渐向目的语靠近。中介语假说为偏误分析提供了必要的理论依据。

偏误分析的心理学基础为认知理论，语言学基础是乔姆斯基（Avram Noam Chomsky）的普遍语法理论。偏误分析最早由鲁健骥于 20 世纪 80 年代初介绍到中国。

第二节　对外汉语重点语法教学中的偏误

本节内容将对外汉语重点语法教学中所产生的偏误分为词类偏误及句类偏误，并节选部分内容进行简要分析，通过对偏误的形式、产生的原因、规避方法等方面的研究，用于指导本书筛选的 HSK 中重点语法的教学。

一、动量词偏误

动量词偏误产生的主要原因为母语的负迁移和目的语迁移中的过度泛化，因大部分的西方语言中没有动量词，学习者经常会出现遗漏或者用母语中相似的概念进行替代。例如，英语中一般会使用"ask the question once or twice"，英语母语的学习者会将其翻译为"一次、两次"，进而替代所有的动量词。

另外，学习者学习一段汉语之后，会将某一量词频繁使用在不同场景，形成过度泛化。例如，学习了量词"个"之后，会在几乎所有使用量词的情况下，使用"个"，造成偏误。

对于这种偏误以及量词这个教学难点，教师一定要清楚其原因，并且在教学中加强重视，对于语法点进行清晰的讲解并且增加操练，借助图片、动画等手段，设置不同情景，使学生不断熟悉并掌握。

动量词偏误的主要形式如下：

（一）误代

误代是在应该使用甲词的情况下，由于对甲词的认知不够，用了乙词进行替代，从而导致句子不正确。

1."次"的泛化现象

误：请你回答一次这个问题。

改：请你回答一下这个问题。

2. 语义相近的动量词混用现象

误：这部电影我看过三次。

改：这部电影我看过三遍。

（二）遗漏

遗漏是指句子中本应该有的成分的缺失。在动量词使用过程中，遗漏一般包括了动量词的缺失、数量结构的缺失以及句中其他成分的遗漏。

误：我吃三饭每天（动量词缺失）。

改：我每天吃三顿饭。

误：他瞪了我（数量结构缺失）。

改：他瞪了我一眼。

误：小王快考试了，想要出去快快乐乐一次（动词缺失）。

改：小王快考试了，想要出去快快乐乐玩一次。

（三）误加

误加是指句子已经很完整，在不需要任何其他成分的情况下，学生由于不了解语法形式中各成分的使用规则，又添加了多余的词语。

误：他去操场跑了三个圈。

改：他去操场跑了三圈。

误：他用铅笔在纸上画了一个笔。

改：他用铅笔在纸上画了一笔。

（四）错序

错序，主要是指动量词出现在了不正确的位置上而出现的偏误。

误：昨天下雨一场。

改：昨天下了一场雨。

误：昨天天太热了，我洗澡了三次。

改：昨天天太热了我洗了三次澡。

二、程度副词偏误

程度副词的偏误主要是由母语迁移引起的，以英语为母语的汉语学习者在学习程度副词的初期经常会套用英语中的结构进行汉语的表达。例如，汉语中"她很漂亮"，对应的英语翻译是"She is beautiful"，因此英语母语学习者经常会出现"她是漂亮"的表达。这是汉语和英语表达不同导致的。

事实上，英语中也存在程度副词的概念，不同处在于汉语中"主语+程度副词+形容词"的结构在英语中一般表达为"主语+系动词（+程度副词）+形容词"的形式。另外，英语中程度副词修饰动词时，一般置于动词后，汉语中一般置于动词前。因此，教师在讲解此类语法时需要给出学生明确的结构，并且进行对比分析，使学生能够明确其用法，进而通过操练，掌握其用法。

程度副词偏误主要有以下几种形式。

（一）遗漏

学生因中英表达的不同产生畏惧心理，规避了程度副词的使用。

误：她漂亮。

改：她很漂亮。

误：今天冷。

改：今天非常冷。

（二）误代

学生直接将英语中的表达方式套用到汉语的表达中。

误：她是漂亮。

改：她很漂亮。

误：他是高。

改：他很高。

（三）误加

学生将英语中"系动词+程度副词+形容词"的表达方式直接套用，但是汉语中程度副词前不需要出现"是"。

误：他是很高兴。

改：他很高兴。

误：中国是非常大。

改：中国非常大。

（四）错序

由于英语中程度副词一般出现在动词后，而汉语中程度副词一般在动词前，因此会出现错序的偏误。

误：他喜欢吃苹果非常。

改：他非常喜欢吃苹果。

误：我们喜欢非常游泳。

改：我们非常喜欢游泳。

三、结果补语偏误

汉语中的结果补语一般以"动词+错/懂/干净/好/会/清楚/完"和"动词+到/住/走"的结构呈现，而英语中一般使用动词的意义、变体或时态，"动词+副词"结构来表达同等的功能，因此，结果补语的偏误主要受到母语的负迁移影响。

教师在讲解结果补语时需要向学生明确其结构，并通过设置情景操练，强化学生记忆。

结果补语的偏误主要有以下形式：

（一）遗漏

英语母语学习者在学习汉语时，出现以下的遗漏的偏误，主要是受到英语负迁移的影响，如"我作业完了"在英语中对应的是"My homework is done"或者"My homework is finished"，英语中动词本身的意义加上过去分词的变体本身就可以表示结果，而汉语中"做"只是动作，没有"系动词+过去分词"的结构来表示结果，学习者容易直接使用"我作业做了"或者"我作业完了"的表达。另外，汉语中"完成"可以对应"finish"，学习者没有使用"我作业完成了"的表达，应该是还没有接触"完成"这个词，或者在表达时倾向于选择更加简单的"我作业完了"的表达。

在另一个例子中，"小红看我以后，跟我打招呼"偏误的形成，是受到英语中"After/When Xiaohong seeing me, she greets（says hello to）me"的影响，我们可以知道，英语中"see"本身就有看见、看到的意义，因此，学习者会忽略"到"的使用。

误：我作业完了。

改：我的作业做完了。

分析：缺少表示动作的动词。

误：小红看我以后，跟我打招呼。

改：小红看到我以后，跟我打招呼。

分析：动作动词后缺少表示结果的补语。

（二）误加

在学习者学习了"看见"之后，容易把"看见"对应为"see"，把之前学习的"看"对应为"look"。究其原因，可能是学习者自身的认识，也有可能是教师讲解得不到位，因此，会产生"看见清楚"的错误表达，对应英语中"see clearly"。

误：你看见清楚黑板上的字了吗？

改：你看清楚黑板上的字了吗？

分析：看见和看清楚重复了，句中有这样的补语，就不能再出现其他结果补语了。

四、"把"字句偏误

"把"字句主要有"主语+把+宾语+动词+在/到+处所""主语+把+宾语1+动词（+给）+宾语2""主语+把+宾语+动词+结果补语/趋向补语/状态补语""主语+把+宾语+动词（+一/了）+动词""主语+把+宾语（+给）+动词+了/着""主语+把+宾语+动词+动量补语/时量补语""主语+把+宾语+状语+动词""主语+把+宾语+一+动词""主语+把+宾语+动词+了""主语+把+宾语1+动词+宾语2""主语（非生物体）+把+宾语+动词+其他成分""主语+把+宾语（施事）+动词+其他成分"以及"（主语+）把+宾语（施事）+动词+了"13种结构，是汉语语法中特殊句式非常重要的内容，也是对外汉语教学中的重点，还是外国学习者学习汉语时的难点所在。

"把"字句属于汉语语法中的特殊句式，在其他语言中鲜有对应的语法项目，因此其是学习者容易出现偏误的语法项目。"把"字句的偏误主要还是母语的负迁移造成的。

"把"字句的偏误形式主要有以下几种。

（一）遗漏

其指遗漏动词性补语前谓语中心动词及形容词性补语前的谓语中心动词。

此类偏误主要是受到母语的负迁移，其成因类似于结果补语的偏误，英语中一般会有"I understand that sentence"或者"We make the room clean"的表达方式，在学习"把"字句时，特别容易直接使用英语的词义来套用"把"字句的结构，就会产生"我把这句话懂了"和"我们每天都把房间干干净净"的偏误。此种偏误的规避方法：一则在于教师需要讲解清楚结果补语的结构；二则在于强化"把"字句的结构，通过固定结构加强操练，使学习者不断掌握其用法。

误：他把花都掉了。

改：他把花都扔掉了。

误：我把这句话懂了。

改：我把这句话听懂了。

误：请您把东西高一点儿。

改：请您把东西放高一点儿。

误：我们每天都把房间干干净净。

改：我们每天都把房间打扫得干干净净。

（二）错序

错序这种偏误的产生主要原因属于目的语的迁移。学习者在学习"把"字句的前期，熟悉了"主语+把+宾语+动词……"的结构，在更深入的学习时只记住了"把"字位于主语和宾语之间，其他成分则一律放置其后，因此会产生此类偏误。这就要求教师在讲解时，遵循层层深入的原则，尤其注意语法的特殊情况，向学生讲解清楚，并且不断强化。

1. 能愿动词错序

误：我们把车应该开回去。

改：我们应该把车开回去。

2. 表示时间的词语的错序

误：她把礼物已经买好了。

改：她已经把礼物买好了。

3. 否定副词错序

误：你们把垃圾不要乱扔。

改：你们不要把垃圾乱扔。

五、动态助词偏误

动态助词"着、了、过"一般用于辅助动词或者形容词，表示动作的进行、完成，或者状态的存续以及曾经存在过的事情。偏误的产生主要是由学习者母语的负迁移以及目的语的泛化引起的。另外，离合词的存在也加大了学习和使用的难度，有一部分偏误是由离合词用法错误造成的。

这就需要教师在教学过程中进行语际和语内的对比，同时设置不同的情境明确其正确的用法。

动态助词主要偏误形式如下。

（一）动态助词"过"偏误

1. 误用

误：小红一直在西安学过汉语。

改：小红一直在西安学汉语。

分析："过"强调过去的某种经历，"一直"是表示经常意义的副词，不能一起使用。

2. 错序

误：我们见面过。

改：我们见过面。

分析："过"应该放在离合词中间。

（二）动态助词"着"偏误

1. 误用

误：小明坐着飞机上看书。

改：小明坐在飞机上看书。

分析：动态助词"着"用在动词的后面，后面不能加"处所宾语"。

2. 误加

误：他看着一个小时书。

改：他看了一个小时书。

分析：句中有补语的时候，动词后面不加"着"。

3. 句式杂糅

误：车窗开着了。

改：车窗开着。

分析："着"表示动作状态，"了"表示动作完成。

（三）动态助词"了"偏误

1. 误用

误：我们跑步了一会儿。

改：我们跑了一会儿步。

分析："跑步"是离合词，"了"放在离合词中间。

2. 句式杂糅

误：小红上汉语课经常迟到了。

改：小红上汉语课经常迟到。

分析："经常""往往""刚刚"不与动态助词"了"连用。

六、关联词复句偏误

汉语中关联词数量众多，表示逻辑关系时与西方语言差异比较大。这种差异一方面体现在有的关联词在西方语言（如英语、葡萄牙语）中没有完全对应的语法项目。例如，"一边……，一边……"在英语中可能只能找到"at the same time"或者"meanwhile"这样的结构来对应，但是又不是完全相同，英语中表示"一边……，一边……"可能会使用"He sings and dances at the same time"，但是可以看出和汉语的结构是不同的。差异的另一方面体现在西方语言的句子中表示逻辑关系的关联词只需要出现在其中一个句子中，而汉语中关联词为固定搭配，必须同时出现。例如，"尽管那样辛苦，我们却仍然坚持下来了"在英语中表达为"although it was hard，we went through it finally"或者"It was hard，but we went through it finally"，可以看出与"尽管……，却……"对应的"although"和"but"不能同时使用。

这就导致汉语学习者在习得复句中的关联词语时，由于对某些关联词语的理解和把握不准确，在使用的过程中，容易漏用关联词，或者混淆关联词所表达的逻辑关系，抑或混淆固定的搭配，造成误用、错用关联词的偏误。

这就要求教师在教学的过程中利用演绎、对比、设置情境的方法，认真辨析不同关联词表达的逻辑关系，明确使用的语境及表达的意义。

关联词偏误形式主要有以下几种。

（一）关联词误用偏误

误：那时候我们一边快乐，一边担心。

改：那时候我们既快乐又担心。

误：这不是一个国家的问题，就是世界的问题。

改：这不是一个国家的问题，而是世界的问题。

误：周末马丁经常跟朋友去中国餐厅，还是植物园。

改：周末马丁经常跟朋友去中国餐厅，或者植物园。

（二）关联词错用偏误

汉语中，很多复句的关联词语都是成对出现的，甚至有的关联词语有多种替换形式。例如："因为……所以……"可以替换为"由于……所以……"；"既……又……"也可以为"又……又……""既……也……"等。以上是同种逻辑关系、同一句式的变换，它们的形式以及表达的句式意义都极为相似。还有一些复句逻辑关系不同，但句式和形式上极为接近，如"只要……就……""只有……才……"。学生在习得这些关联词时，容易混淆，从而产生偏误。

误：只要看到你，我才开心。

改：只要看到你，我就开心。

误：我们既看不懂而听不懂。

改：我们既看不懂又听不懂。

误：不管大人还是孩子都很喜欢听她唱歌。

改：不论大人还是孩子都很喜欢听她唱歌。

（三）关联词错序偏误

一些单音节关联词在分句中的位置往往会受制约，一般被要求放在主语的后面。而很多双音节关联词则没有这个限制，放在主语前后都可以。

误：我遇到过很多有意思的外国人，却我最喜欢她。

改：我遇到过很多有意思的外国人，我却最喜欢她。

误：要是我遇到麻烦，就他们会帮我。

改：要是我遇到麻烦，他们就会帮我。

（四）关联词缺失产生的偏误

误：那样辛苦，我们却仍然坚持下来了。

改：尽管那样辛苦，我们却仍然坚持下来了。

误：尽管孩子还不会说话，她常常跟他讲故事。

改：尽管孩子还不会说话，她却常常跟他讲故事。

第三节　对外汉语重点语法教学常见题型

在对外汉语重点语法的教学过程中，不仅需要了解基本的语法教学方法、教学原则、教学技能和教学过程，还需要掌握可以检测学生语法学习效果的练习或测试题型。语言作为一项需要不断练习才能掌握的技能，需要大量的练习，才能达到掌握这门语言的目的。将汉语当作第二语言的学习者更需要一定量的练习。教师作为知识的传授者，将知识传授给学生，而学生通过练习把知识记在大脑中，教与学的效果都要通过练习体现，因此，了解并掌握对外汉语重点语法教学中的常见题型尤为重要。

对外汉语重点语法练习题型按内容进行分类主要可以分为：机械性练习、有意义的练习和交际性练习。机械性练习是一种以"刺激—反应"为基础，以模仿和重复为主要方式的教学方法。在呈现新的语言材料之后，教师组织学生进行以模仿记忆为主的控制性反复练习，它包括跟读、朗读词语和句子以及简单的替换练习等，以便形成正确的语言习惯，达到准确、熟练地掌握语言形式与内容的目的，有意义的练习和交际性练习打下基础。在对外汉语重点语法教学中，机械性练习在讲练新的语法点的环节中适当运用是十分必要的。机械性练习包括：跟读、重复、替换、扩展等。

（1）跟读：教师带领学生读重点句型和例句，学生进行反复跟读。

（2）重复：教师针对重点句型，让学生重复跟读。

（3）替换：替换练习属于机械性练习，通过反复强化语法特征，从而达到熟练应用的目的。替换练习包括单项替换、多项替换、分句替换等。需要注意的是，替换选项时学生的注意力多在形式上，因此这类练习设计可以结合语境增加趣味性。

例如：运动场北边是图书馆。

　　　　南边　　超市

　　　　西边　　操场

（4）扩展：通过不断添加新词语，增加句子的长度，使学生能流利说出包括所学语法点的语句。具体方法是教师给予词语提示，由学生进行扩展练习。例如：菜—中国菜—吃中国菜—我吃中国菜……

有意义的练习是在机械性操练的基础上，学生独立运用语言材料进行有意义的交际活动。吕必松（1993）认为有意义的练习是指在一定的语境中，学习者根据不同的交际对象、目的和场合，对语言的理解和练习。在纸质教材中，有意义的练习通常以习题形式呈现，但该练习以有意义的交际练习为主，且经常伴有师生互动，因此也可以看作交际性活动。其是一种课堂言语行为，而不是单纯的静态思考和做题。因此，有意义的练习是以交际为主要目的，以理解为主的一种方法，在学习对外汉语重点语法时，有意义的练习是必不可少的。有意义的练习包括角色扮演、回答问题、完成句子、情景表演、解释课文内容、自由会话等。

（1）角色表演：角色扮演是将学生融入一定的情境中，赋予他们一定的角色，让他们在角色的扮演和体验中，学会运用所学的语言。学生在角色表演中，能够更好更充分地表现自我，从而提高他们学习中文的积极性。

（2）回答问题：老师针对问题向学生提问，学生用所学的句型进行回答。

（3）完成句子：完成句子适用于各类句型练习，尤其是连词、副词等虚词、固定结构、关联词复句等。完成对话是某一语言点在交际语境中表达形式练习，有助于学生口语表达能力的练习。

例如，用"一……就……"结构补充以下句子。

①他一出门，＿＿＿＿＿＿＿＿。

②我＿＿＿＿＿＿＿＿，就去西安旅游。

（4）情景表演：教师可以创设常见情景，例如在饭店点餐或者在商店购物，让学生用所学的句型进行角色扮演。

交际性练习是在有意义的练习的基础上，教师利用信息沟使学生产生交际的需要而后展开的听、说、读、写活动。我们将交际性练习可以分为真实交际性练习、仿交际性练习和准交际性练习。以意义表达为主的、真实的、自由的语言运用练习为真实交际性练习；以意义表达为主的、模拟真实的、较自由的语言运用练习为仿交际性练习；以意义表达为主的、模拟真实的、不自由的语言运用练习为准交际性练习。真实交际性练习在对外汉语教材中主要表现为谈论、讨论、辩论、写作和调查/访问五种练习类型。仿交际性练习在对外汉语教材中主要表现为：情景活动、看图说话和完成句子/语段三种练习类型。

心理语言学家 N. Ellis 认为语言形式和语言作用的匹配以及其内在规

律的缓慢习得，需要大量反复的缓慢练习才能掌握，这也强调了练习本身不可取代的地位。现代语言习得研究基本认同，语言的习得和掌握需要具备以下三个条件：①学习者注意并持久地意识到目标语的形式；②学习者反复地接触包含有目标语形式的语言输入；③学习者有输出和使用目标语的机会。同时，根据现代汉语语法的特点，其练习题型应该注意：①注重交际，融入语境，基于语篇；②结合听、说、读、写四种技能。下面按书面、口语、综合三种不同的产出模式对语法练习题型进行总结。

一、书面型练习

书面型练习，主要指需要用笔进行标记、填涂、写单词或句子等练习活动。针对不同年龄段的学习者或者不同语言水平等级的学生，书面练习的具体形式也有较大区别。低年龄段学习者或零基础阶段的学习者以标记，填涂活动为主，而高年龄段学习者或初、中级学习者的语法练习主要集中在单词拼写、组词造句，甚至成篇的活动上。书面型练习随年龄段和难度的增加，可依次分为：选择题、替换、填空题、改写句子、完成句子、连词成句和改错。

（一）选择题

此类练习题适合那些容易产生错序和遗漏的语法点，设计要注意加强母语和目的语之间的对比，还要抓住汉语语法构成的两个重要手段：虚词和语序，强化语序位置的干扰性。

例如：填写"了"的位置。

昨天我去 A 书店买 B 一本书 C。

小红下 A 课 B 了 C。

她买 A 三杯 B 咖啡 C。

（二）替换

替换练习属于机械性练习，通过反复强化语法特征，从而达到熟练应用的目的，包括单项替换、多项替换、分句替换等。需要注意的是，在替换选项时，学生的注意力多在形式上，因此这类练习设计可以结合语境以增加趣味性。

例如：他在床上躺着。

　　　　路上走

　　　　桥下蹲

（三）选词填空

选词填空又叫选择正确答案，可以用于虚词和句型结构练习。特别是在练习近词义的辨析时，选项设计具有相似性和干扰性，学习者可以对相关用法进行快速辨析和整合。

形式一：马丁昨天_____迟到了，老师警告他以后别_____迟到。（又、再）

形式二：按照、根据。

（1）_____大家的意见，我们制订了这个新方案。

（2）_____对方的要求，我们制订了这个新方案。

（四）改写句子

改写句子一般有两类情况：一是语义功能相同或相近的句子改写，如"是"字句改成"有"字句，简单句改成复句。二是句式转换，如"把"字句改成"被"字句，肯定式、否定或疑问式之间的转换。

形式一：将下列句子改成正反疑问句。

你有汉语字典吗？　改成：你有没有汉语字典？

你会说汉语吗？　　改成：_____？

你想去上海旅游吗？改成：_____？

形式二：将下列句子改成"把"字句。

她洗衣服，衣服干净了。

她把衣服洗干净了。

（五）完成句子（对话）

完成句子适用于各类句型练习，尤其是连词、副词等虚词、固定结构、关联词复句等。完成对话是某一语言点在交际语境中表达形式练习，有助于学生口语表达能力的练习。

例如，用"一……就……"结构补充以下句子。

（1）他一出门，_____。

（2）我_____，就去西安旅游。

（六）连词成句

连词成句要求从句法和语义上都要符合汉语语法的排列规则。此类练习对学生语法基础要求较高，关键词越多，难度越大。

例如：

（1）电视/左边/一个书架

电视左边是一个书架。

（2）爷爷/非常/感兴趣/对/京剧

爷爷对京剧非常感兴趣。

（七）改错（含判断正误）

改错（含判断正误）练习主要是针对汉语语法点常见偏误而设计的。产生语法偏误主要有三种原因：认知偏差、母语迁移、类推泛化。偏误的类型主要有四种：遗漏、误加、误用、错序。

改错：

错：自习室是图书馆二楼。

改：图书馆二楼是自习室。

判断正误：

（1）他一高兴跳起舞来。

（2）明天你刚到学校就来我办公室。

二、口语表达练习

口语表达练习通常会提供例句，帮助学习者理解题目意思，以便他们进行模仿，主要有标准化表达和半开放性表达两种。标准化表达的正确答案往往只有一个，学习者表达出来的语句更容易进行评价。半开放性表达的答案因个体的差异性存在多种可能性，正确答案也不只有一个，但这些答案涉及的基本语法形式，使用到的语法规则一致。练习形式既可以是两人或多人之间对话，也可以是单人造句练习。

（一）标准化表达

教师提供关键词、图片，或者以"关键词+图片"的形式对学习者将要表达的内容范围进行限定，例句为表达提供语言形式的参考。例如，在"把"字句练习中，教师给出"把"字句的基本公式，强调"把"字句经常用在对别人请求或者命令的时候。然后给出图片，询问她在做什么？请学生用"把"字句回答。

（二）半开放性表达

类似于书面型练习中的半开放性表达，该题型通常会给出表达内容的范围或主题，让学习者根据自身情况选择内容进行阐述，但同时会提供例句，限定使用的语法项目。口语练习中的半开放性表达更多地以对话形式呈现，强调两人或多人之间的互动，交际情境更真实。例如：

1. 教师讲解固定格式"一······也/都+不/没······"，让学生用所学的固定格式进行交际练习，可以设置以下问题，同桌之间互动提问。

（1）刚来中国的时候，你会说汉语吗？

（2）外面太冷了，你想出去吗？

（3）明天的考试你担心吗？

（4）现在几点了？你饿吗？

（5）现在几点了？你困吗？

（6）上了一天课以后，你累吗？

（7）如果晚上你一个人在街上走，你会害怕吗？

（8）如果有人告诉你，你中了100万元大奖，你相信吗？

2. 对画线部分提问，此类练习适用于各类谓语句和特殊句式练习，学生用疑问句式提问。学生需要逐步掌握疑问代词：首先是"怎么样""什么"，其次是"多少/几""哪里""谁"，最后才是"怎么+动词""多······（多长、多高）"。

例如：

形式一：针对句子成分提问。

我学了五年的汉语。

你学了几年的汉语？

形式二：针对某一特殊句式。

我把书放在书包里了。

你把书放在哪里了？

三、综合型练习

该练习特点是把语言输入和产出活动设计在同一个练习里，在语言输入的基础上进行产出。常见的练习形式为阅读后产出和听材料后产出，产出的形式即书面和口语表达两种。

（一）读+写/说

这种题型通常会在阅读材料中多次体现某项语法规则，让学习者在阅读的过程中进行语法输入，并通过回答读后习题对该项语法进行产出练习。例如：

1. 在学习了动态助词"着"的基本公式和用法后，教师布置一道阅读题。

寻物启事

昨天上午上课的时候，我不小心丢了心爱的手表。那块手表上面有一个凯蒂猫，凯蒂猫穿的是红色的裙子，头上有一个红色的发卡。那是我男朋友送给我的生日礼物，对我来说非常珍贵。如果你捡到了，请跟我联系。我叫小春，住在国际文化学院 1709 号房间，我的座机号码是 6890××××，我的手机号码是 135×××3237。非常感谢！

教师让学生阅读后，进行口头回答或书面回答下列问题：

（1）小春丢了什么东西？

（2）那件东西是什么时候丢的？在哪儿丢的？

（3）小春丢的东西上面画着什么？

（4）凯蒂猫穿着什么衣服？头上戴着什么？

（5）如果有人捡到了，怎么联系小春？

2. 看图说话，相较看图问答主观性更强，学生首先要理解图画表达的意义，其次运用所学的语法知识组织语言，伴随着自我纠正的过程，最后学生通过语法形式进行表达。看图说话可以训练学生综合的语言运用能力，同时教师也可以预见一些可能出现的错误。

例如：教师展示相关人物图片，用"动词+着"描述图片中人物的衣着、长相、动作等，如她穿着红色的上衣，黑色的裤子；她长着长长的头发，很高的个子；等等。

（二）写+说

这种题型中口语表达的难度通常较高，为了降低难度，会将口语表达分步进行，以书面形式作铺垫，帮助学习者顺利过渡到流利的口语表达。例如：

1. 学习了动态助词"过"之后，教师布置作业，用动态助词"过"写一篇小作文。

题目：最有意思的一天。

你还记得你过得最有意思的一天吗？那一天你去哪儿了？在那儿做什么了？买什么了？吃什么了？遇到什么有意思的人和事了？

写完之后，第二天教师可以让学生进行口头表达。

2. 完成任务根据情景的真实性分为真实任务和教学任务；根据完成形式分为独白式任务和对话式任务；根据有无提示词又分为有提示任务和无提示任务。独白式任务一般是谈一谈、说一说、介绍一下……对话式任务具有交际性，大部分情况下需要两人或多人互动完成，如采访、调查，预订酒店，点外卖，买机票等。例如：

形式一：谈一谈你最开心的一天。那一天你去哪了？你做什么了？你吃什么了？和谁一起出去了……

形式二：打电话点一次外卖。

在采访、调查的过程中，需要进行简单的书面语撰写，在真实交际过程中，需要进行口语表达完成任务。

第四节　本章小结

本章重点讨论的是对外汉语重点语法的偏误和常见题型。对外汉语重点语法偏误是指第二语言学习者在使用语言时不自觉地对目的语的偏离，是以目的语为标准表现出来的错误或不完善之处。这种错误是成系统的、有规律的，反映了说话人的语言能力，属于语言能力范畴。本章针对 HSK 一至九级重难语法点，总结语法教学中留学生的常见偏误并分析了其产生偏误的原因。第二语言学习者的偏误是由多方面因素造成的，通常归纳为母语的负迁移、目的语知识的负迁移、文化因素负迁移、学习策略和交际策略的影响、学习环境的影响（主要指教师和教材）五个主要方面。本章就这五个方面进行了举例分析，结合汉语学习者在学习语法过程中出现的偏误例子，对重点语法偏误类型进行了分类，并分析了产生此类偏误的原因，这对于今后的教学实践具有一定的参考意义。

第二部分探讨的是对外汉语重点语法的练习题型。主要从两个方面进行论述。一方面对外汉语重点语法练习题型按内容进行分类主要可以分为：机械性练习、有意义的练习和交际性练习，结合重点语法点进行题型举例说明；另一方面是从书面、口语、综合三种不同的产出模式对语法练习题型进行总结，不同的题型代表了不同产出的训练方式，也结合重点语法点进行题型的举例说明。第四章两部分主要内容也是对外汉语重点语法教学中不可或缺的部分，是真实教学过程中检验学生实际学习效果和真实水平的重要方式。

第五章　对外汉语重点语法教学范例

第一节　词类教学范例

一、动量词

动量词属于汉语语法中量词的一类，是衡量动作行为的单位。对于动量词的考查出现在 HSK 二级、三级、四级以及六级四个级别中。

汉语语法中量词是一个独特的存在，受汉字文化圈影响的语言（如日语、韩语）虽然有量词的概念，但是其用法、结构、功能及语义表达上都存在很大的差异，而印欧语言中基本没有相对应的量词的概念及用法，因此动量词的教学和学习成为汉语国际教育中的重点及难点。

常用的动量词如 HSK 二级中的"遍、次、场、回、下"，HSK 三级中的"顿、口、眼"，HSK 四级中的"刀、针"，以及 HSK 六级中的"番、声、趟"。

以《HSK 标准教程 2》中第 14 课"你看过那个电影吗？"为例，其中出现的语法项目动量词"次"做动量补语，分三种情况：

（1）放在谓语动词的后面，表示动作发生、进行的次数，如"我们看过三次电影"。

（2）宾语是表示地点的名词时，可以放在宾语前，也可以放在宾语后，如"我们去过三次北京"和"我们去过北京三次"。

（3）宾语是人称代词时，放在宾语后，如"我们找过他三次"。

下面我们以《HSK 标准教程 2》中第 14 课为例，详细展示动量词"次"的教学案例，如表 5-1 所示。

表 5-1　动量词"次"的教学案例

项目	内容	备注
课堂类型	初级汉语综合课	
教学内容	《HSK 标准教程 2》第 14 课——你看过那个电影吗？ 本课语言点：动量词"次"（动量补语）	
教学对象	备考 HSK 二级，已掌握 600 个左右词汇量，并具备一定听、说、读、写和汉语日常交际能力，在华或海外的母语非汉语的初级水平学习者	
教学目标	能够了解并掌握动量词"次"的用法	
教学时间	本语言点共 24 分钟	
教学用具	课件和若干相关图片	
教学流程	导入语言点—语言点讲解和机械性操练—有意义的操练—布置课下作业	
教学步骤	一、导入语言点（3 分钟） 教师：同学们看课文 4，他在这个商店买过东西没有？ 学生：买过一次。 教师板书以上目标句。 教师：我们用下面的句子练习。 1. 教师板书：小明去过一次北京。 教师提问：小明去过北京吗？ 学生：去过一次。 2. 教师板书：他坐过两次飞机。 教师提问：他坐过飞机吗？ 学生：坐过两次。 3. 教师板书：他们看过三次电影。 教师提问：他们看过电影吗？ 学生：看过三次。 二、语言点讲解和机械性操练（15 分钟） 1. 语言点讲解。 教师请学生根据上面的练习，一起分析句子结构。句子中，"小明、他、他们"是主语，"去、坐、看"是动词，"过"是之前学习的语法知识，用在动词后，表示	教师利用课文目标句导入语言点。 教师利用教材中已有的的句子引导学生熟悉知识点。 练习时，教师的提问参考课文中的方式，同时引导学生使用课文中的形式简单回答。教师的板书可以刻意写成完整形式。 此时学生对动量词"次"的用法刚刚熟悉，趁热打铁，教师要带领学生进行归纳

表5-1（续）

项目	内容	备注
	过去有过的经历，"一、二、三"是数词，数词后面加上"次"这个动量词，宾语为"北京、飞机、电影"。由此可以得出动量词"次"的使用形式：主语+动词+过+数词+次+宾语。 2. 机械性操练。 教师：大家注意，这样的结构表示动作发生、进行的次数。 教师向学生展示长城的图片，学生看图片进行练习。 教师：这是哪里？ 学生：长城。 教师：你去过长城吗？ 学生：去过。 教师：你去过几次长城？ 学生：我去过一次长城。 学生语言输出后，老师将上述对话的最后两句进行板书。 教师展示火车图片，并进行对话练习。 教师：这是什么？ 学生：火车。 教师：你坐过火车吗？ 学生：坐过。 教师：你坐过几次火车？ 学生：我坐过三次火车。 同样地，老师在学生语言输出时板书后两句话。 3. 讲解语言点特殊情况。 教师：这个结构有两种特殊情况。 （1）宾语是表示地点的名词时，表示次数的数量词可以放在宾语前面，也可以放在宾语后面。 例如，之前的练习：我去过一次长城。 也可以说：我去过长城一次。 教师为加强学生的理解，继续展示图片。 教师展示上海的城市照片，并进行对话练习。 教师：这是哪里？ 学生：上海。 教师：你去过上海吗？ 学生：我去过上海。	总结，并进行机械性操练，让学生熟练掌握此句式结构。 该语法点较为简单，教学方法基本为归纳法与演绎法，学生经过简单的练习基本可以掌握，难点集中在此结构的两种特殊形式，需要教师讲解，并且在学生练习时不断监督和改正。

表5-1（续）

项目	内容	备注
	教师：你去过几次上海？ 学生：我去过三次上海。 教师（面向全体学生）：我们还可以怎么说？ 学生：（我）他去过上海三次。 教师展示医院的图片，并进行对话练习。 教师：这是哪里？ 学生：医院。 教师：你去过医院吗？ 学生：我去过医院。 教师：你去过几次医院？ 学生：我去过一次医院。 教师（面向全体学生）：我们还可以怎么说？ 学生：（我）他去过医院一次。 （2）宾语是人称代词时，表示次数的数量词要放在宾语后。 例如：昨天，你去找我，我们可以说"你找过我一次"。但是不可以说"你找过一次我"。 设置情景练习： 我朋友在上海，我去年去看他。 我们可以说：我（去上海）看过他一次。 三、有意义的操练（6分钟） 教师可以展示其他图片让学生自己练习，也可以根据学生自己的真实情况分组进行对话练习。 教师示例： 教师：你喜欢看电影吗？ 学生：喜欢。 教师：你看过几次电影？ 学生：我看过三次电影。 教师将学生两两分组，首先让学生写自己做过的一件事情，然后让学生交换信息，互相提问。 四、布置课下作业 教师：很好。这就是我们学习的动量词"次"，请大家下课后再练习练习。	语言点讲解结束,学生进行有意义的操练。教师展示图片或根据学生真实情况进行操练。教师要实时关注学生的练习,对出现的错误进行及时的指正。 每次操练时,教师请1~2名学生单独输出,集体练习和单独练习交叉进行,确保学生们都理解并能正确输出。 坚持精讲多练原则。 教师提醒学生巩固复习,并布置相关作业。

二、程度副词

程度副词，是对一个形容词或者动词在程度上加以限定或修饰的副词，一般位置在被修饰的形容词或者动词之前。

程度副词是汉语语法词类中的一个重要概念，在 HSK 一至九级中均有考查，内容较多，是汉语教学中的重点。

HSK 考查的程度副词包括"很、非常、真、太、最、多、多么、好、更、十分、特别、挺、有（一）点儿、比较、更加、还、相当、格外、极、极其、过于、可、稍、稍微、尤其、特、异常、极为、尽、蛮、颇、稍稍、尤为、越发"。需要注意的是，虽然程度副词在 HSK 中常出现，但其意义仅表示程度不一，用法比较单一，教学难度不大。

教学建议：根据"i+1"的教学理论，我们不建议在教学中引入过多学生不熟悉或者容易引起歧义的内容。程度副词的教学难点主要集中在表达的程度不同，教学中需要引导学生理解不同程度的表达，以及感叹意义、比较意义的表达。当然，高年级阶段教学需要注意，程度副词后面一般接形容词和动词，而有个别的词后一般接动词（如：稍稍……）或者形容词，也有两个程度副词连用的情况（如：稍微有点儿……），教师在讲解过程中须注意区别。

下面我们以《HSK 标准教程 1》第 12 课中程度副词"太"为例，讲解程度副词，如表 5-2 所示。

表 5-2　程度副词"太"的教学案例

项目	内容	备注
课堂类型	初级汉语综合课	
教学内容	《HSK 标准教程 1》第 12 课——明天天气怎么样？ 本课语言点：程度副词"太"	
教学对象	备考 HSK 一级，已掌握 400 个左右词汇量，并具备一定听、说、读、写和汉语日常交际能力，在华或海外的母语非汉语的初级水平学习者	
教学目标	能够了解并掌握程度副词"太"的用法	

表5-2(续)

项目	内容	备注
教学时间	本语言点共20分钟	
教学用具	课件和若干相关图片	
教学流程	导入语言点—语言点讲解和机械性操练—有意义的操练—布置课下作业	
教学步骤	一、导入语言点（2分钟） 教师：同学们看课文1，昨天北京的天气怎么样？ 学生：太热了。 教师板书以上目标句。 教师板书："今天天气怎么样?" 教师提问：今天天气怎么样？ 学生：太热了。 教师：之前我们学习了"很"的用法，例如"她很漂亮""我很喜欢中文"。我们现在可以用"太"替换"很"，两者表达的意义基本相同，"太"有更多感叹的意味。 教师板书：她很漂亮。 　　　　她太漂亮了！ 　　　　我很喜欢中文。 　　　　我太喜欢中文了！ 二、语言点讲解和机械性操练（10分钟） 1. 语言点讲解。 教师请学生根据上面的练习，一起分析句子结构。句子中，"很"与"太"都用在形容词或动词的前面，表示程度，与"很"不同的是，使用"太"的时候需要在句尾加上"了"，因此，程度副词"太"的基本结构为"太+形容词/动词+了"：主语+太+形容词/动词（+宾语）+了。 2. 机械性操练。 教师：看下面的图片进行练习。 教师展示冬天雪地的图片，图片中有小孩、猫等。 教师引导学生分别使用"很"和"太"组句。 学生：天气很冷/他很冷/小猫很冷。 天气太冷了/他太冷了/小猫太冷了。	教师利用课文目标句导入语言点，并结合实际情景练习。 教师采用对比方法，与之前所学的程度副词"很"进行对比学习。 依据以上练习，教师引导学生发现"很"与"太"用法的不同点，并进行归纳。

表5-2(续)

项目	内容	备注
	教师展示男明星的图片，并提问。 教师：他怎么样？ 学生：他很帅。 　　　他太帅了。 教师展示一只小猫的图片，并提问。 教师：这是什么？ 学生：小猫。 教师：它怎么样？ 学生：它很小/它很可爱。 　　　它太小了/它太可爱了。	
	3. 讲解语言点否定用法。 教师：如何对"太+形容词/动词+了"进行否定。 教师：复习之前"很"的否定，用"不"直接替换"很"。 例句：她很漂亮。她不漂亮。 "太"的否定分为两种：①"太"前否定；②"不"直接替换"太"。注意两种形式都要去掉结尾的"了"。 例句：太漂亮了。不太漂亮。不漂亮。 例如：课文3中"我身体不太好"。 教师引导学生找出课文中含有语法点的句子。 教师展示一些水果图片，并说出以下句子。 老师：我很喜欢/太喜欢了。 老师：我不喜欢/不太喜欢。 教师展示气温高的图片，并说出以下句子。 老师：很热/太热了。 教师展示天气凉爽的图片，并说出以下句子。 老师：不热/不太热。	该语法点较为简单，教学方法一般为归纳法与对比法。学生经过简单的练习基本可以掌握。难点是其否定用法，需要教师进行讲解，并且在学生练习时不断监督和改正。 语言点讲解结束，学生进行有意义的操练。
	三、有意义的操练（8分钟） 教师给予示例，学生参照示例根据自己的实际情况进行模仿练习。 教师示例： （1）北京很漂亮，很大，天气很热，人很多，东西很便宜，我很喜欢北京。	教师要实时关注学生的练习，对出现的错误及时指正。 每次操练时，教师请1~2名学生单独输出，集体练习和单独练习交叉进行，确保学生们都理解并能正确输出。

表5-2（续）

项目	内容	备注
	（2）北京太漂亮了，太大了，天气太热了，人太多了，东西太便宜了，我太喜欢北京了。 教师指导学生进行模仿练习，根据实际情况练习程度副词的否定形式。 例如： 学生：英国很漂亮，不太大，天气不热，人不太多，东西不太贵，我很喜欢英国。 四、布置课下作业 教师：很好。这就是我们学习的程度副词"太"，请大家下课后再练习练习。	坚持精讲多练原则。 教师提醒学生巩固复习，并布置相关作业。

三、时间副词

时间副词一般出现在谓语动词的前面，是表示动作发生的时间或动作发生的快慢、久暂的副词。

时间副词是 HSK 中考查的重要内容，在 HSK 一至九级中均有考查，包括"马上、先、有时、在、正、正在、刚、刚刚、还、忽然、一直、已经、本来、才、曾经、从来、赶紧、赶快、立刻、连忙、始终、已、早已、按时、即将、急忙、渐渐、尽快、不时、将、将要、仍旧、时常、时刻、依旧、一向、时时、一时、早晚、即、历来、尚、向来"。

时间副词虽然数量众多，但用法比较单一，一般结构为"……时间副词+动词……"。但其表达的意义因词而异，会给教学和学习带来一定的困难。如《HSK 标准教程2》第 7 课，时间副词"就"强调说话人认为事情发生得早，进行得快、顺利。《HSK 标准教程3》第 12 课对时间副词"就"和"才"进行了比较，时间副词"就"与《HSK 标准教程2》第 7 课所学用法一致，而"才"却强调的是说话人认为事情发生得晚，进行得慢、不顺利。

下面我们以《HSK 标准教程3》第 12 课中程度副词"就"与"才"为例，讲解程度副词的教学案例，如表 5-3 所示。

表 5-3　程度副词"就"与"才"的教学案例

项目	内容	备注
课堂类型	初级汉语综合课	
教学内容	《HSK 标准教程 3》第 12 课——把重要的东西放在我这儿吧 本课语言点：时间副词"就"与"才"	
教学对象	备考 HSK 三级，已掌握 1 000 个左右词汇，并具备一定听、说、读、写和汉语日常交际能力，在华或海外的母语非汉语的初、中级水平学习者	
教学目标	能够了解并掌握程度副词"就"与"才"的用法	
教学时间	本语言点共 20 分钟	
教学用具	课件和若干相关图片	
教学流程	导入语言点—语言点讲解和机械性操练—有意义的操练—布置课下作业	
教学步骤	一、导入语言点（5 分钟） 教师：同学们看课文 2，小刚什么时候回来？ 学生：一个星期就回来。 教师：小丽为什么说"一个星期以后才回来？" 教师板书以上目标句并继续举例： 坐飞机一个小时就到了。 坐火车五个小时才到。 教师：有什么不一样？ 学生：飞机快，火车慢。 教师再举例： 我昨天就到了。 他明天才到。 教师：有什么不一样？ 学生：我到得早，他到得晚。 教师：之前我们学习了"就"的用法，强调说话人认为事情发生得早，进行的快、顺利，如上面的例子（教师划出上面使用"就"字的句子）。	教师利用课文目标句导入语言点，并结合实际情景练习。 教师采用对比方法，与之前所学的时间副词"就"进行对比学习。

表5-3（续）

项目	内容	备注
	二、语言点讲解和机械性操练（10分钟） 1. 语言点讲解 教师请学生根据上面的练习，一起分析句子结构，使用"就"与"才"的两个句子结构基本相同，"就"与"才"都用在动词的前面，表示时间。与"就"不同的是，"才"表示的意思刚好相反：强调说话人认为事情发生得晚，进行得慢、不顺利。 参照《HSK 标准教程3》第101页的语法来讲解，并关注给出的例子。 2. 机械性操练 教师：依据以下情景练习。 （1）我睡得很早，＿＿＿＿＿＿＿＿＿。 　　　我睡得很晚，＿＿＿＿＿＿＿＿＿。 （2）他病得不重，休息＿＿＿＿＿＿＿。 　　　他病得很重，休息＿＿＿＿＿＿＿。 （3）他家很近，＿＿＿＿＿＿＿。 　　　他家很远，＿＿＿＿＿＿。 （4）别着急，还有三分钟，我们＿＿＿＿＿＿。 　　　电影刚开始五分钟，还有＿＿＿＿＿结束。 教师引导学生组出更多句子，对于错误的句子进行及时纠正。 三、有意义的操练（5分钟） 学生结合课本《HSK 标准教程3》第101页进行练习，回答时分别使用"就"和"才"来练习。 四、布置课下作业 教师：很好。这就是我们学习的时间副词"就"与"才"，请大家下课后再练习练习。	依据以上练习，教师引导学生发现"就"与"才"表达意义的不同，并进行归纳。 教师使用情景教学方式让学生进行练习。 该语法点较为简单，教学方法基本为归纳法、对比法及情境教学法，学生经过简单的练习基本可以掌握。教师在学生练习时，注意对学生出现的一些错误及时指正。 每次操练时，教师请1～2名学生单独输出，集体练习和单独练习交叉进行，确保学生们都理解并能正确输出。 坚持精讲多练原则。 教师提醒学生巩固复习，并布置相关作业。

第二节　句子成分教学范例

一、结果补语

结果补语一般为动词或形容词，表示动作、变化的结果，是 HSK 二级和三级考查的内容，如"写错、听懂、洗干净、准备好、学会、说清楚、吃完、买到、接住、取走"。需要注意的是，结果补语在否定形式中不加"了"，如"我没吃完饭"，宾语要放在结果补语后面，如"我吃完饭了"。

结果补语一般形式为"动词 + 动词 / 形容词"，分为以下两种情况：

（1）动词 + 动词（懂、见、完、在、到、给、成……）。

我听懂了。

我看见他了。

作业做完了。

车停在门口。

（2）动词 + 形容词（对、错、好、清楚……）。

你说对了。

饭做好了。

我听清楚了。

下面我们以《HSK 标准教程 2》第 9 课为例，讲解结果补语的教学案例，如表 5-4 所示。

表 5-4　结果补语的教学案例

项目	内容	备注
课堂类型	初级汉语综合课	
教学内容	《HSK 标准教程 2》第 9 课——题太多，我没做完 本课语言点：结果补语	
教学对象	备考 HSK 三级，已掌握 600 个左右词汇，并具备一定听、说、读、写和汉语日常交际能力，在华或海外的母语非汉语的初、中级水平学习者	

表5-4(续)

项目	内容	备注
教学目标	能够了解并掌握结果补语的用法	
教学时间	本语言点共25分钟	
教学用具	课件和若干相关图片	
教学流程	导入语言点—语言点讲解和机械性操练—有意义的操练—布置课下作业	
教学步骤	一、导入语言点（3分钟） 教师：同学们看课文4，昨天的考试怎么样？他都听懂了吗？ 学生：听懂了。 教师：他都做完了没有？ 学生：题太多，他没做完。 教师板书以上目标句。 教师指向一名学生，提问：你听懂了吗？ 学生：听懂了/没听懂。 教师指向另外一名学生，提问：作业做完了吗？ 学生：做了。 教师指正：做完了。 学生：做完了。 教师指向另一学生：你做完了吗。 学生：做完了。 教师板书上述问答。 二、语言点讲解和机械性操练（15分钟） 1. 参照导入语言点时举出的例子，结果补语的基本结构为：主语+动词+结果补语+了+吗（提问）；主语+动词+结果补语+了（回答）；主语+没（有）+动词+结果补语（否定回答）。 注意：否定时，结尾的"了"需要去掉。 例如： 提问：作业做完了吗？ 回答：作业做完了。 否定回答：作业没做完。 同时板书上述内容。	教师利用课文目标句导入语言点。 教师利用情景提问让学生感受此种句型。 教师书写板书时，两个目标句结构要上下对应，运用归纳法帮助学生对结果补语的结构建立初步印象。 学生先从简单结构练起。教师引导学生掌握结果补语的基本结构，并进行机械性练习。

表5-4(续)

项目	内容	备注
	教师：电影看完了吗？ 学生：电影看完了/电影没看完。 教师：课文听懂了吗？ 学生：课文听懂了/课文没听懂。 教师：饭做好了吗？ 学生：饭做好了/饭没做好。 2. 主语+动词+结果补语+宾语（结合课本第68页相关语法点来解释）。 例句：我看见你的女朋友了。 我听懂今天的汉语课了。 我做好饭了。 大卫找到工作了。 3. 动词前加否定，结尾多去掉"了"。 学生：我没（有）看见你的女朋友。 我没（有）听懂今天的汉语课。 我没（有）做好饭。 大卫没（有）找到工作。 4. 表示疑问时，句尾加"吗"或"没有"。 学生：你看见我的女朋友了吗？ 你听懂今天的汉语课了吗？ 你做好饭了吗？ 大卫找到工作了吗？ 学生：你看见我的女朋友了没有？ 你听懂今天的汉语课了没有？ 你做好饭了没有？ 大卫找到工作了没有？ 三、有意义的操练（7分钟） 1. 有意义的操练一。 教师在黑板上写汉字，同时提问：老师在干什么？ 学生：写字。 教师写完汉字，提问：老师写完了吗？ 学生：写完了。 教师再写一个汉字，只写一半，提问：老师写完了吗？ 学生：没有写完。 2. 有意义的操练二。 教师展示吃苹果的图片，提问：她在干什么？ 学生：她在吃苹果。	教师结合课文中语法点的解释及例子，引导学生掌握增加宾语的、略为复杂的结果补语以及陈述、否定及疑问的用法。 语言点讲解结束，学生进行有意义的操练。 教师可展示图片或视频，带领学生进入情景。每次操练时，教师请1~2名学生单独语言输出，集体练习和单独练习交叉进行，确保学生们都理解并能正确输出。

表5-4(续)

项目	内容	备注
	教师展示苹果被吃完的图片。 学生：苹果吃完了。 教师展示苹果被咬了一口的图片。 学生：苹果没吃完。 教师展示更多类似图片，用来练习"看见、听懂、找到、做好"等。 教师请学生分组并自由练习，教师进行监督、引导和改正。	坚持精讲多练原则。
	四、布置课下作业 教师：很好。这就是我们学习的结果补语，请大家下课后再练习练习。	教师提醒学生巩固复习，并布置相关作业。

二、可能补语

可能补语一般为谓词性成分，表示某种现象出现或结果实现的可能性，是 HSK 三级和五级考查的内容。

可能补语在 HSK 中考查的结构主要有三种：

（1）动词+得/不+动词/形容词。

（2）动词+得/不+了。

（3）动词+得/不得。

例如，在《HSK 标准教程 3》第 6 课"怎么突然找不到了"讲到"动词+得/不……"结构的可能补语，如"我看得清楚那个汉字"。

下面我们以《HSK 标准教程 3》第 9 课为例，讲解可能补语的教学案例，如表 5-5 所示。

表 5-5　可能补语的教学案例

项目	内容	备注
课堂类型	初级汉语综合课	
教学内容	《HSK 标准教程 3》第 6 课——怎么突然找不到了 本课语言点：可能补语	

表5-5（续）

项目	内容	备注
教学对象	备考 HSK 三级，已掌握 1 000 个左右词汇量，并具备一定听、说、读、写和汉语日常交际能力，在华或海外的母语非汉语的初、中级水平学习者	
教学目标	能够了解并掌握可能补语的用法	
教学时间	本语言点共 25 分钟	
教学用具	课件和若干相关图片	
教学流程	导入语言点—语言点讲解和机械性操练—有意义的操练—布置课下作业	
教学步骤	一、导入语言点（3 分钟） 参考《HSK 标准教程 3》第 6 课的课文 1（第 47 页） 教师：同学们看课文 1，他的眼镜呢？ 学生：找不到了。 教师：没有眼镜，怎么样？ 学生：没有眼镜，他一个字也看不清楚。 教师板书以上目标句。 教师指向一名学生，提问：你听得到我说话吗？ 学生：听到了。 教师：听得到。 学生：听得到。 教师向学生展示一张图片，故意将距离拉远，提问：看得清楚吗？ 学生：看不清楚。 教师将图片距离拉近，提问：看得清楚吗？ 学生：看得清楚。 教师板书上述问答。 二、语言点讲解和机械性操练（15 分钟） 1. 参照导入语言点时举出的例子，可能补语的基本结构如下。 提问：主语+动词+得……+吗？ 　　　主语+动词+得……+动词+不……	教师利用课文目标句导入语言点。 教师利用情景提问让学生感受此种句型。 教师书写板书时，两个目标句结构要上下对应，运用归纳法帮助学生对可能补语的结构建立初步印象。

表5-5（续）

项目	内容	备注
	回答：主语+动词+得……	
	否定回答：主语+动词+不……	
	此结构表示能否实现某种结果或者达到某种目的。	
	例如：	
	提问：你看得清楚吗？	教师让学生先从简单
	回答：我看得清楚。	结构练起，引导学生
	否定回答：我看不清楚。	掌握可能补语的基本
	教师：课文听得懂吗？	结构，并进行机械性
	学生：课文听得懂/课文听不懂。	练习。
	教师：同样的问题我们也可以问："课文听得懂听不懂？"	
	回答是一样的。	
	同时教师板书上述内容。	
	2. 可能补语与结果补语可能混淆，因此，教师须引导	
	学生进行对比学习。	
	（1）教师：我们之前学习过结果补语，表示动作、变	
	化的结果。	
	例句：我听懂今天的汉语课了。	对比结果补语，了解
	我做好饭了。	其与可能补语的不
	大卫找到工作了。	同，同时强化可能补
	结果补语为"动词+补语"，句尾加"了"，"了"表示	语陈述、否定及疑问
	完成。	的用法。
	可能补语结构不同，表示一种可能性。	
	例句：我听得懂今天的汉语课。	对比讲解，建议使用
	我做得好饭。	课件将结果补语和可
	大卫找得到工作。	能补语相应结构一对
	教师：我们可以看出表示可能性时，动词和补语之间要	一比较，力图简洁、
	加上"得"，即"动词+得+补语"，句尾"了"去掉。	明确。
	（2）教师：我们再来看看否定的结构。	
	结果补语：动词前加否定"没（有）"，结尾"了"需	
	去掉。	
	例句：我没（有）听懂今天的汉语课。	
	我没（有）做好饭。	
	大卫没（有）找到工作。	
	可能补语：动词与补语之间加否定"不"。	
	例句：我听不懂今天的汉语课。	
	我做不好饭。	
	大卫找不到工作。	

表5-5(续)

项目	内容	备注
	（3）教师：我们看看提问的形式。 结果补语：表示疑问时，句尾加"吗"或"没有"。 例如：你听懂今天的汉语课了吗？ 　　　你做好饭了吗？ 　　　大卫找到工作了吗？ 或者：你听懂今天的汉语课了没有？ 　　　你做好饭了没有？ 　　　大卫找到工作了没有？ 可能补语：表示疑问时句尾加"吗"或者"动词+得……动词+不……"。 例如：你听得懂今天的汉语课吗？ 　　　你做得好饭吗？ 　　　大卫找得到工作吗？ 或者：你听懂听不懂今天的汉语课？ 　　　你做好做不好饭？ 　　　大卫找到找不到工作？ 3. 结合课文练习操练（参考课本第49页）。 三、有意义的操练（7分钟） 1. 有意义的操练一。 教师展示房间图片，请学生使用下面形式看图说话： 在房间里，我看得见_____。 或者： 在房间里，我找得到_____，我找不到_____。 2. 有意义的操练二。 上述练习也可以使用以下游戏方式进行。 老师：在房间里，我找得到两件T恤，我找不到我的电脑。 学生：老师，你的电脑在桌子上。在房间里，我找得到一只小猫，我找不到我的电视。 学生：电视在墙上。在房间里，我找得到一个书包，我找不到我的眼镜。 学生：房间里没有眼镜。在房间里，…… 以此类推。 教师可以展示更多类似图片，练习其他可能补语。 请学生在练习时，教师进行监督、引导和改正。 四、布置课下作业 教师：很好。这就是我们学习的可能补语，请大家下课后再练习练习。	语言点讲解结束,学生进行有意义的操练。 教师展示图片或视频，带领学生进入情景。 每次操练时，教师请1~2名学生单独输出，集体练习和单独练习交叉进行，确保学生们都理解并能正确输出。 坚持精讲多练原则。 教师提醒学生巩固复习,并布置相关作业。

三、趋向补语

趋向补语一般为趋向动词，表示动作行为或性状的发展趋势或者方向。趋向补语是汉语语法中比较重要的补语，也是 HSK 中考查内容比较多的补语，在 HSK 二级至六级中均有相关内容的考查。

趋向补语在 HSK 中考查的结构主要有以下几种：

（1）动词+来/去。

（2）动词+上/下/进/出/起/过/回/开。

（3）动词+出来/出去/过来/过去/回来/回去/进来/进去/起来/上来/上去/下来/下去。

（4）动词+上/出/起/下。

（5）动词+上/起来。

（6）动词+下去/下来。

（7）动词/形容词+下来/下去/起来/过来。

例如，《HSK 标准教程 3》中第 2 课 "他什么时候回来？" 对简单的趋向补语进行了讲解，结构为 "动词+来/去"，"来" 表示朝着说话人的方向，"去" 表示背离说话人的方向。

《HSK 标准教程 3》中第 13 课 "我是走回来的" 对复合趋向补语进行了讲解，结构为 "动词+简单趋向补语"。

下面我们以《HSK 标准教程 3》第 13 课为例，讲解趋向补语的教学案例，如表 5-6 所示。

表 5-6　趋向补语的教学案例

项目	内容	备注
课堂类型	初级汉语综合课	
教学内容	《HSK 标准教程 3》第 13 课——我是走回来的 本课语言点：趋向补语	
教学对象	备考 HSK 三级，已掌握 1 000 个左右词汇量，并具备一定听、说、读、写和汉语日常交际能力，在华或海外的母语为非汉语的初、中级水平学习者	
教学目标	能够了解并掌握趋向补语的用法	

表5-6（续）

项目	内容	备注
教学时间	本语言点共25分钟	
教学用具	课件和若干相关图片	
教学流程	导入语言点—语言点讲解和机械性操练—有意义的操练—布置课下作业	
教学步骤	一、导入语言点（3分钟） 教师回顾之前学习的趋向补语。 教师：之前我们学习过趋向补语"动词+来/去"。"来"表示朝着说话人的方向，"去"表示背离说话人的方向。例如：这里人不多，你过来吧。同学们可以举一些例子吗？ 学生：我在楼上，你上来。 学生：谁在外面？你出去看看。 学生：我的朋友回家去了。 学生：老师进教室来上课。 …… 教师：非常好，同学们来看课文1，小刚从哪儿买回来这么多东西啊？ 参考《HSK标准教程3》第13课的课文1（第108页） 学生：都是从那边的商店买回来的。 教师：好的，我们再看看"明天我们一起送过去"，"快拿出来让我看看"。 教师板书以上目标句。 教师指向一名学生，并说：请把书拿过来。 学生把书给老师，老师引导学生说出：我把书拿过来了。 教师让学生把书给另外一位同学，并说：请把书拿过去。 教师引导学生说出：我把书拿过去。 最后，教师让学生把书拿回去，并引导到学生说：我把书拿回来了。 教师板书上述句子。	教师引导学生复习之前学习的语言点，加深对趋向补语简单形式的印象。 教师利用课文目标句导入语言点。 教师利用情景提问让学生感受此种句型。 书写板书时，目标句结构要对应。教师运用归纳法帮助学生对趋向补语的结构建立初步印象。

表5-6（续）

项目	内容	备注
	二、语言点讲解和机械性操练（15分钟） 1. 参照导入语言点时举出的例子，复合趋向补语的基本结构为：动词+简单趋向补语。 此结构描述的是动作的方向。 例如：我给你拿过去吧。 　　　　坐下来休息一会儿。 教师：下面我们看图说话。 教师展示一个人下楼梯图片。 教师书写板书：他从楼上_____。 学生：他从楼上走下来。 教师展示快递员将礼物递给客户的图片。 教师书写板书：他把礼物_____。 学生：他把礼物送过来了。 教师展示交易房子的图片。 教师书写板书：房子_____。 学生：房子买回来了。 　　　　房子卖出去了。 2. 结果补语的宾语是处所时，要放在"来""去"之前。 例如：老师走进教师来。 教师：我们来看图说话。 教师展示下课时学生走出教室的图片。 教师书写板书：下课了，他_____。 学生：下课了，他走出教室来了。 教师展示火车进站的图片。 教师书写板书：火车_____火车站_____。 学生：火车开进火车站来了。 3. 宾语是一般事物时，既可以放在"来""去"之前，也可以放在"来""去"之后。 例如：老师拿出一本书来。 　　　　老师拿出来一本书。 教师：我们来看图说话。	语言点讲解要遵循由简入繁的原则，步步推进。练习时教师应注意监督和及时改正学生错误。 教师讲解完语言点结构后，利用图片进行简单操练，引导学生掌握趋向补语的基本结构，进行机械性练习。

表5-6（续）

项目	内容	备注
	教师展示超市购物的图片。 教师板书：她去超市了，＿＿＿＿很多东西。 　　　　　她去超市了，＿＿＿＿很多东西 。 学生：她去超市了，买回来很多东西。 　　　她去超市了，买回很多东西来。 教师展示爷爷手捧西瓜的图片。 教师板书：爷爷＿＿＿＿一个西瓜 。 　　　　　爷爷＿＿＿＿一个西瓜。 学生：爷爷拿出一个西瓜来。 　　　爷爷拿出来一个西瓜。 3. 结合课文练习操练（参考课本第49页）。 三、有意义的操练（7分钟） 1. 有意义的操练一。 教师展示生日聚会的图片。 描述一次过生日的经历，仿照下文： 昨天是我的生日，我的家人给我过了一个很难忘的生日，我的很多朋友也来参加我的生日派对。我的爸爸妈妈买回来了一个大蛋糕，我的爷爷奶奶给我送过来了一辆自行车。我的朋友一进门，就拿出来一本书送给我，作为我的生日礼物…… 2. 有意义的操练二。 教师展示街景的图片。 仿照下文练习： 街道上，来来去去的人很多。有的人走出咖啡馆来，有的人走进超市去。有的人上楼来，有的人下楼去。有的人拿出来手机打电话，有的人拿出书来学习…… 四、布置课下作业 教师：很好。这就是我们学习的趋向补语，请大家下课后再练习练习。	语言点讲解结束，学生进行有意义的操练。教师展示图片或视频，带领学生进入情景。 每次操练时，教师请1～2名学生单独输出，集体练习和单独练习交叉进行，确保学生们都理解并能正确输出。 坚持精讲多练原则。 教师提醒学生巩固复习，并布置相关作业。

第三节　句子类型教学范例

一、正反疑问句

正反疑问句是四类疑问句中的一种（其他三类为是非疑问句、特指疑问句和选择疑问句），它是由单句谓语中的肯定形式和否定形式并列的格式构成，又叫"反复问"。正反疑问句大致可分为三种疑问格式：①动词+不+动词（吃不吃）；②动词+不（吃不）；③附加问，先说出一个陈述句，再后加"是不是、行不行、好不好"一类问话格式。

一般对外汉语教材会用两课分别介绍正反疑问句的不同格式：第一种格式"动词+不+动词"相对简单，也十分常用，在《标准》里属于 HSK 一级语法点；第二种格式"是不是"则属于 HSK 二级语法点，它具有"表示问话人对某事已经有了比较肯定的估计，但是需要得到进一步证实"这样特殊的语法意义，因此大多教材都会把它作为一个单独语言点来讲解。

比如《发展汉语：初级综合1》第 10 课讲解了正反疑问句的第一种格式，包括"形容词+不+形容词"和"动词+不动词"，如：

你冷不冷？

你们累不累？

你去不去？

你想不想买电脑？

接下来，该教材第 18 课包含了语言点——用"是不是"提问：

是不是你不喜欢喝咖啡？

总体来说，正反疑问句由于结构比较简单，语法意义不复杂，对于外国学习者来说不难掌握、运用。需要注意的是，在讲解该语法点时，要给学习者强调"形容词＋不＋形容词"和"动词＋不＋动词"前面不能加"是"，后面不能加"吗"，避免学习者受由于英语和汉语用"吗"提问的是非疑问句的负迁移影响。

下面我们以《发展汉语：初级综合1》第 10 课为例，详细展示正反疑问句"形容词+不+形容词"和"动词+不+动词"的教学案例，如表 5-7 所示。

表 5-7　正反疑问句的教学案例

项目	内容	备注
课堂类型	初级汉语综合课	
教学内容	《发展汉语：初级综合 1》第 10 课——这个星期天你忙不忙？ 本课语言点：正反疑问句"形容词+不+形容词"和"动词+不+动词"	
教学对象	备考 HSK 一级，已掌握 200 个左右词汇量，并具备基础听、说、读、写和汉语交际能力，在华或海外的母语非汉语的初级水平学习者	
教学目标	能够掌握正反疑问句"形容词+不+形容词"和"动词+不+动词"并会用该格式提问	
教学时间	本语言点共 15 分钟	
教学用具	课件	
教学流程	导入语言点—语言点讲解和机械性操练—有意义的操练—总结及布置课下作业	
教学步骤	一、导入语言点（2 分钟） 教师（展示一处美丽风景）：大家看，这里漂亮吗？ 学生：很漂亮。 教师：林娜，请你问马丁。 林娜：马丁，这里漂亮吗？ 马丁：（这里）很漂亮。 教师：同学们，林娜是怎么问的？ 学生：这里漂亮吗？ 教师板书这句话。 教师：很好。我们在第 4 课学了用"……吗？"问别人，今天我们再学一种问别人的方法——"形容词+不+形容词"。大家请听： 海克，你最近好不好（板书）？ 海克：我很好。 教师：朱风，今天冷不冷（板书）？ 朱风：今天很冷。	以旧带新，用学过的语言点引出目标语言点是一种常见的导入方式。这种方式一方面可以带领学生复现、巩固已学语言点，另一方面可新旧对比,加深学生印象。 教师采用演绎法，直接给出该语言点格式,便于学生快速掌握和练习。

表5-7（续）

项目	内容	备注
	二、语言点讲解和机械性操练（8分钟）	教师带领学生归纳总结已学的形容词，一方面帮助学生巩固所学，另一方面为句型操练做准备，降低练习难度，提高学生开口率。
	教师带领学生总结已学形容词。	
	教师：同学们，请想一想，你知道哪些词是形容词？	
	学生：冷、热、好、好看、累、漂亮、难、容易、新鲜、高兴、高。	
	（学生说，教师板书）	
	教师：非常好！下面大家看图片，你们一起用"形容词+不+形容词"问我。	
	教师展示课前准备的图片或课件。	
	图片1：一个小孩因晒太阳感到很热的图片。	
	学生：他／你热不热？	
	教师：他／我很热。	
	图片2：水果的图片。	
	学生：（这些）水果新鲜不新鲜？	
	教师：这些水果很新鲜。	
	大家说得都很好。现在大家看图片，我请一个同学问，其他人一起回答。	
	图片3：老师教汉语的图片。	
	学生1：汉语难不难？	
	其他学生：汉语很难／汉语不难。	
	教师：马丁，你来说。	
	马丁：汉语不难，汉语很有意思。	
	教师：马丁回答得很棒（及时鼓励很重要）！	
	图片4：两个很开心的小孩的图片。	学生集体回答后，教师再请学生单独来说，能及时发现个别问题，提高学生开口率，同时保证学生注意力集中。
	（教师示意学生2提问）	
	学生2：他们高兴不高兴？	
	其他学生：他们很高兴。	
	教师：李卫，你来说。	
	李卫：他们高兴不高兴？他们很高兴。	
	教师：李卫说得也特别好！大家注意，我们知道，在汉语中，形容词做谓语的陈述句，形容词前面常常加"很""非常"等程度副词。因此我们说"他们很高兴""水果非常新鲜""今天很热"。	

表5-7（续）

项目	内容	备注
	（学生刚在本课学了形容词谓语句，形容词谓语句主语和形容词之间不加"是"，形容词前面常常加"很"已有所说明，这里再强调一下，因为这是外国学习者容易犯的偏误。教师在强调时要一并板书） 教师：同学们，用"A+不+A"问别人，A可以是形容词，也可以是动词。比如我们你们：你们吃不吃包子（板书）？ 学生：我们吃包子。 教师：你们去不去北京（板书）？ 学生：我们（不）去北京。 教师：很好。现在我们再想一想，你们都知道哪些动词？ 学生：想、去、吃、喝、来、有、爬、买、看、洗、要、说、认识。 教师：大家都总结得非常好。现在，大家看图片，你们问我，我来回答。 图片5：吃饺子的图片。 学生：你吃不吃饺子？ 教师：我吃饺子。 图片6：电脑的图片。 学生：你买不买电脑？ 教师：我不买电脑。 同学们，这张图用"有"怎么问？ 学生：你有没有电脑？/ ＊你有不有电脑？ 教师：大家注意：我们一定要说"有没有"，不能说"有不有"。凯文，你有没有汉语书？ 凯文：我有汉语书。 教师：很好。请你问诺兰？ 凯文：诺兰，你有没有笔？ 诺兰：我有笔。 教师：很好。诺兰，你问海克。 诺兰：海克，你有没有中国朋友？ 海克：我有中国朋友。	教师提醒学生使用和回答该句型时要注意的特点。 教师仍然采用以旧带新和演绎法引出语言点格式。同时，形容词和动词格式分开讲练，坚持精讲多练原则。

表5-7（续）

项目	内容	备注
	三、有意义的操练（5分钟） 教师：好，现在同学们看着这里的形容词和动词，和你的同桌一起练习，一个人问，一个人回答（3分钟。学生操练时，教师在教室里走动，随时纠正或帮助学生）。 教师：现在，请两个同学来说（3~5组学生一问一答）。 四、总结及布置课下作业 1. 总结。 教师：大家刚才说得都很好。请你们说一说，用汉语问别人，可以怎么问？ 学生1：可以说"好不好、难不难、吃不吃"。 学生2：用"A不A"问。 教师：非常好！这个"A"，可以是形容词，也可以是动词。还可以怎么问？ 学生3：可以用"吗"。 教师：也非常棒！可以用"今天热吗？""你爬山吗？"来问别人。同时大家注意，"A不A"和"吗"不可以一起用。我们不说"汉语难不难吗？"这是错的。 2. 布置课下作业。 教师：请大家看书第108页的练习二，下课后，你们用"吗""A＋不＋A"提问和回答练习二，再做一做练习四。	教师预测并纠正学生的常见偏误，强调完后要及时操练。 自由练习可提高学生的开口率，同时给接受慢的学生缓冲时间，也给个别学生单独向老师或其他同学请教的机会。 启发式总结法，启发学生思考、总结。

二、"把"字句

"把"字句是中文的特殊句式之一，外国学习者学习中文时，对"把"字句的学习必不可少。通过教学我们发现，对"把"字句的掌握和应用是外国学习者容易发生偏误的地方，尤其是对"把"字句的运用。由于学习者很难体会到它的语用特点，他们往往会采取回避策略，很少主动使用"把"字句。

"把"字句的格式比较复杂，许多教材都根据学习者对相关语言点的习得情况把"把"字句安排在不同的学习阶段。比如《HSK标准教程3》

在第 11 课中第一次出现了"把"字句（"把"字句 1）：

别忘了把空调关了。

我把爸爸的生日忘了。

我想把这个电脑卖了。

该课是学习者第一次学习"把"字句，结构安排简单明了，没有过多的修饰成分，是为了特别强调"把"字句对确定的人或事物做出相应的处置这一典型语用意义，也是为了让学生顺利掌握"把"字句的特点，降低学习难度。其编者为了让学生更深刻感受到"把"字句的语用含义，将它安排在了三篇不同场景的短文对话中，这样学生不仅可以得到较充分的语言输入，也能更灵活地感受此句型的特点和语义、语用内涵。

紧接着，在《HSK 标准教程 3》第 12 课中第二次出现了"把"字句（"把"字句 2）：

我帮你把衣服放到行李箱里吧。

我已经把我的照片放在你的包里了。

司机把我送到机场的时候，我才发现忘记带钱包了。

我看你还是把重要的东西放在我这儿吧。

每次下课前，我都会把下次学生需要带的东西写在黑板上。

这课的"把"字句，从结构上来看，动词后面都带了时地补语（介词短语补语），表示动作或行为对确定的人或物做出相应动作，使其发生位置上的改变。

在该教程第 14 课中第三次出现了"把"字句（"把"字句 3）：

他们会把房间打扫干净。

先把茶和杯子放好，然后把冰箱里的西瓜拿出来。

我还是先把空调打开吧。

我去把电视关了。

你先把电视节目看完吧。

我先把桌椅搬出去，然后你把水果拿出来。

先把米饭做好，然后再把新鲜的水果放进去。

该课中的"把"字句，从结构上来看，动词后面大多带了结果补语或趋向补语，表达对确定的人或事物产生某种结果或发生位置上的改变。

以上三种类型的"把"字句，都在《标准》的"HSK 三级语法等级大纲"范围内。"把"字句 1~3 结构由简到繁，内容逐渐丰富，符合学生掌握事物的一般规律，也符合克拉申习得第二语言输入假说中"i+1"原则。

下面我们以《HSK 标准教程 3》第 11 课"别忘了把空调关了"为例，详细展示"把"字句 1 的教学案例，如表 5-8 所示。

表 5-8　"把"字句 1 的教学案例

项目	内容	备注
课堂类型	初级汉语综合课	
教学内容	《HSK 标准教程 3》第 11 课——别忘了把空调关了 本课语言点："把"字句 1（A 把 B+动词+……）	
教学对象	备考 HSK 三级，已掌握 1 000 个左右词汇量，并具备一定听、说、读、写和汉语日常交际能力，在华或海外的母语非汉语的初、中级水平学习者	
教学目标	能够了解并掌握以"把"字句来表示命令与请求	
教学时间	本语言点共 25 分钟	
教学用具	课件和一本从图书馆借的书	
教学流程	导入语言点—语言点讲解和机械性操练—有意义的操练—布置课下作业	
教学步骤	一、导入语言点（3 分钟） 1. 教师：同学们看课文 1，小明要去哪儿？做什么？ 学生：去图书馆借书。 教师：同学请小明做什么？ 学生：（同学请小明）帮他把这本词典还了（吧）。 教师板书以上目标句（为了降低理解难度，可只书写"你把这本词典还了吧"）。 2. 教师：大家看第 90 页的热身练习 2。这个人在做什么？ 教师展示关灯动作的图片。 学生：关灯。 教师：现在，我想请他关灯（指某一学生），应该怎么说？ 学生：请关灯。	教师利用课文目标句导入语言点。 教师利用教材中的课前"热身练习"引导出语言点。 教师利用情景法让学生感受到，"把"字句多用于对别人的请求、命令等情景中。

表5-8（续）

项目	内容	备注
	教师：可以，也可以怎么说呢？谁知道？ 此时可引导学生关注语法点1，让学生尝试用"把"字句输出目标句。教师板书目标句：请（你）把灯关了。 二、语言点讲解和机械性操练（15分钟） 1. 语言点讲解。 教师请学生看两个目标句，一起分析句子结构，两个句子中"你"是主语，也就是结构成分 A，"这本词典""灯"分别是"把"的宾语，也是结构成分 B，"还"和"关"分别是两个句子的谓语动词，动词后面还分别有"了"，是这两个"把"字句动词后面的其他成分。由此可以得出"把"字句的结构：A+把+B+动词+其他成分。 其中，A 是句子的主语，也是动作的发出者，B 是动词的宾语，是动词涉及的对象。 2. 机械性操练。 教师：大家注意，这样的"把"字句经常用在对别人请求或者命令的时候。大家继续看 90 页的热身练习2（依次是关灯、关空调、洗衣服、还书的图片），其中第二张图片，她在做什么？ 学生：关空调。 教师：你想请我关空调，我可以怎么说？ 学生：请你/老师把空调关了。 学生输出后，老师板书这句话，结构上与上面板书的两句话一致。 教师：看第三张图片，这个女的在做什么？ 学生：她在洗衣服。 教师：我很忙，没时间洗衣服，想请妈妈帮我洗衣服，怎么说？ 学生：妈妈，请你帮我把衣服洗了。 同样地，教师在学生语言输出时板书这句话。 教师：看第四张图片，他们在做什么？ 学生：在（图书馆）还书。 教师：我这本书是从图书馆借的，我想今天还，可是今天我没有时间去图书馆，我想请马克帮我还，我可以怎么说？ 学生：马克，请你帮我把这本书还了。	教师书写板书时，两个目标句结构要上下对应，运用归纳法得出"把"字句的结构。 此时学生对"把"字句的结构刚刚熟悉，教师要趁热打铁，带领学生进行机械性操练，让学生熟练掌握此句式结构，同时强调语用情景。 拿出准备好的书

表5-8（续）

项目	内容	备注
	老师板书这句话。 此时，学生对目标句式已经比较熟悉，可根据板书的几个句子来总结"把"字句的特点。 3. 讲解语言点特点。 教师："把"字句很特别，它有几个特点，请大家跟我一起找一下，然后写在你的书上。大家看这几个句子中的"B"，也就是动词的宾语都是什么？ 学生：这本词典、灯、空调、衣服、这本书。 教师：很好，这几个东西，听话的人和说话的人是不是都知道是什么？比如"灯"，是哪个灯，说话人和听话人知道吗？ 学生：知道。 教师：空调、衣服呢？他们知道吗？ 学生：知道。 教师：对。所以，"把"字句中的"B"，也就是"把"后面的这个宾语，一定是确定的，已经知道。那同学们想一想，我说"请你把一本书还了"，这句话对不对？ 教师板书"特点1"，并提醒学生写在书上或笔记本上。 教师：我们再看这几个句子，动词后面还有没有东西？ 学生：有"了、吧"。 教师：是的，这也是"把"字句的一个重要特点：动词前边或后边要有别的成分，最简单的就是"了"。 教师板书"特点2"，并提醒学生写在书上或笔记本上。 教师：下面大家看书，看93页例句（5）—（8），大家读一遍这四句，看看有什么特点。 学生读例句（5）—（8）。读完后教师带领大家发现句子特点。 教师：有没有人发现这几个句子的特点？ 众学生："把"字前面有"没""别""不能""可以"。 教师：非常好！"没、别、不能"是否定副词，"可以"是能愿动词，这两种词要放在"把"这个字的前面，这是"把"字句的第3个特点。 教师：大家想一想，你知道的否定副词还有哪些？ 学生：不、不要、没有、不必 学生说的时候，教师把这些词板书下来。	教师运用归纳法、对比法和归类法等方法总结"把"字句的特点。 《HSK标准教程3》的语言点注释对"把"字句的特点没有突出说明，但这些是学生比较难理解又容易犯的偏误，因此教师在讲解时有必要重点突出。 这里没有采用例句归纳法，是因为教材中的相应语法注释已经包含了丰富的例句，并且做了清晰说明。同时为了提高课堂效率，引导学生分析句子成分，采用了语法讲解中另一种常见的演绎法。 此时教师带领学生回忆学过的特定词类，运用归类法，帮助学生记忆和掌握。

表5-8(续)

项目	内容	备注
	教师：很棒！请大家把这些词写下来。同时，大家想一想，你知道哪些能愿动词？ 学生：要、能、会、应该。 教师：对，很好！请大家写下来。 三、有意义的操练（6分钟） 1. 有意义的操练一。 教师：我现在有点儿热，我想请马克开空调，应该怎么说（同时教师展示关空调的图片）？ 学生：马克，请（你）把空调打开。 教师：很好，请大山来说。 大山：请马克把空调打开。 教师：正确。我想问马克，应该怎么说？ 学生：马克，你可以/能把空调打开吗？ 教师：非常好！请小刚来说。	语言点讲解结束，学生进行有意义的操练。教师展示图片或视频，带领学生进入情景。
	2. 有意义的操练二。 教师：丽娜，听说你不喜欢你现在的手机了，你想卖手机吗（教师展示卖手机店铺的图片）？ 学生：是的，我想卖手机。 教师：大家说，丽娜想做什么？ 学生：丽娜想把（她的）手机卖了。 教师：丽娜，你已经把手机卖了吗？ 丽娜：我还没有把手机卖了。 教师：很好！大卫，丽娜想做什么？她卖了吗？	每次操练时，教师请1~2名学生单独输出，集体练习和单独练习交叉进行，确保学生们都理解并能正确输出。
	3. 有意义的操练三。 教师：海克，听说你上个星期去海南旅游了，你去了吗？ 教师展示护照的图片。 海克：我没去。 教师：为什么没去？ 海克：我把护照丢了。 教师：真可惜！李卫，你也把护照丢了吗？ 李卫：没有，我没有把护照丢了。	坚持精讲多练原则。
	教师：很好。 四、布置课下作业 教师：这就是我们学习的"把"字句1，很重要，请大家下课后再复习复习，并做一做第93页的"练一练"。	教师提醒学生巩固复习，并布置相关作业。

三、被动句

被动句是汉语中一种特殊的动词谓语句，无论在结构、语用上，还是语义上，它都是一种十分复杂的句式，与其他语言的被动形式相比较，它有许多独特之处。因此，被动句历来是外国留学生学习汉语过程中一个突出的难点，出现的偏误不仅数量大，而且类型多。

被动句在《标准》里的中级和高级语言点均有分布，具体可见本书第二章。

反映在对外汉语教材上，一般教材都会把被动句安排在初级课文最后几课，大多数也会分两个语言点来处理被动句。以"发展汉语"系列为例，《发展汉语：初级综合 2》第 14 课出现了"被"字句：

我的钱包被小偷偷走了。

他的帽子被刮走了。

紧接着，在第 15 课出现了意念上的被动句：

作业终于写完了。

我的手机摔坏了。

可以看出，虽然意念上的被动句属于高级语言点，但大多数教材都在把它安排在了初级向中级水平的过渡阶段（例如《汉语口语速成》在"入门篇"第 29 课和第 30 课分别编排了这两个句型）。这是因为一方面该句型紧接着"被"字句习得符合我们的认知顺序，另一方面该句型在实际生活应用中十分活跃。

下面我们以《HSK 标准教程 3》第 20 课为例，详细展示"被"字句的教学案例，如表 5-9 所示。

表 5-9 "被"字句的教学案例

项目	内容	备注
课堂类型	初级汉语综合课	
教学内容	《HSK 标准教程 3》第 20 课——我被他影响了 本课语言点："被"字句［主语 + 被/叫/让（+名词）+ 动词 + 其他］	

表5-9(续)

项目	内容	备注
教学对象	备考 HSK 二级,已掌握 800 个左右词汇量,并具备一定听、说、读、写和汉语日常交际能力,在华或海外的母语非汉语的初、中级水平学习者	
教学目标	能够了解并掌握"被"字句	
教学时间	本语言点共 25 分钟	
教学用具	课件	
教学流程	导入语言点—操练语言点并讲解句型特点—有意义的操练—布置课下作业	
教学步骤	一、导入语言点(3分钟) 教师:同学们看课文 1,小丽的照相机呢? 学生:她的照相机被别人拿走了(板书)。 教师:课文 2 里,小明的朋友为什么突然开始关系体育了? 学生:因为她的男朋友喜欢看足球比赛,她被他影响了(板书)。 教师拿起大卫的书,走回讲台。 教师:大家看,大卫的书呢? 学生:大卫的书被老师拿走了(板书/此目标句对学生来说较难,教师可带领学生一起输出)。 教师:大家说得都非常好!现在我们一起看这三个句子。 教师带领学生分析句子成分,得出"被"字句的结构:主语 + 被 + 名词 + 动词 + 其他。 二、操练语言点并讲解句型特点(15分钟) 教师:好,现在你们看着"被"字句的这个结构,我们一起练习一下。大家看这张图片,他的手机呢? 教师展示偷手机的图片。 学生:她的手机被他拿走了。 教师:这个人是什么人? 学生:他是小偷,他在偷女人的手机。 教师:很棒!所以我们可以用"被"字句怎么说? 学生:她的手机被小偷偷走了。	师生问答课文中内容,引导学生输出目标句。 教师根据例句归纳出该语言点的结构形式,然后带领学生操练,因为该语言点比较复杂,外国学习者理解比较困难,在明确了结构的情况下,可通过操练理解其语义和语用内涵。

表5-9（续）

项目	内容	备注
	教师：李佳，你来说。 李佳：她的手机被小偷偷走了。 （教师请2~3名学生来回答，确保大家都能正确输出） 教师展示一人帽子被吹走的图片。 教师：看这张图，这个男人的帽子怎么了？ 学生：他的帽子被风吹/刮走了。 教师：很好！马丽，你来说。 马丽：他的帽子被风刮跑了。 （教师请2~3名学生来回答） 教师展示小猫吃鱼的图片。 教师：大家看这张图片，小鱼呢？ 学生：小鱼被小猫吃（完）了。 （教师请2~3名学生来回答） 教师：这几个同学说得都很好！大家注意，"被"字句的"被"在口语里还可以用"叫"或者"让"代替，比如"小鱼叫猫吃了"。 教师补充句型结构：主语＋被/叫/让（＋名词）＋动词+其他。 教师：我们再看第一张图，还可以怎么说？ 学生：她的手机叫/让小偷偷走了。 教师：第二张图呢？ 学生：他的帽子被/叫/让风刮/吹跑了。 教师：好，大家再看这些"被"字句，它们有一些特点，请大家记住：第一，看主语，我们能不能说"一个女人"（严格来说，此时因为有图片的语境限制，说"一个女人"是成立的，但是为了避免语言课成为语法课，这里做简化处理）？ 学生：不能。 教师：对，不能，"被"字句的主语必须是说话人和听话人知道的东西（特点1，板书）。请大家写在书上。 教师展示小猫吃鱼的图片。 教师：同学们看这张图片，小鱼被猫吃了吗？ 学生：没有。 教师：用句子怎么说？ 学生：*小鱼被猫没有吃了/小鱼没有被猫吃了。	教师坚持精讲多练原则，每讲解完一个特点学生都做相应练习。 启发式问答。教师运用对比法引起学生思考，引发与已学的"把"字句做对比。 教师在课堂上有意识地帮助学生建立良好的学习策略或习惯。

表5-9（续）

项目	内容	备注
	教师：同学们说得不一样，"没有"应该放在哪儿？我们学过"把"字句，"把"字句里"没有、可能、不、应该、要"这些词放在哪儿？ 学生：放在"把"的前面。 教师：对。"被"字句也一样，"没有、不、不能、应该、要、昨天、去年"等这些词放在"被"的前面。请大家写下来（特点2，板书）。那刚才这个问题怎么回答？小鱼被猫吃了吗？ 学生：小鱼没有被猫吃了。 教师："被"字句还有一个特点，就是它的宾语可以没有，可以省略，有时候是因为说话人和听话人都很清楚宾语是什么，所以省略了；有时候是因为不知道宾语是什么，所以不说。大家也记一下这个特点3：有时候，动词前的宾语可以没有。因此它的句型结构是：主语＋被（＋名词）＋动词＋其他。 三、有意义的操练（5分钟） 教师：今天妈妈买了很多冰淇淋放在冰箱里，现在妈妈想吃一个，但是发现冰箱里没有了，所以妈妈大声说："冰淇淋呢？" 学生：冰淇淋被女孩吃完了。 教师：李琳，你来说。 李琳：冰淇淋被我吃完了。 教师：大卫，你来说。 大卫：冰淇淋让妹妹吃完了。 教师展示秋天树叶被风吹走的图片。 教师：大家看这张图片，秋天到了，树上的树叶怎么都没有了？ 学生：树叶被/叫/让风吹跑/走了。 （教师再请2~3人单独回答） 教师展示一台笔记本电脑的图片。 教师：小明来问大卫借电脑，大卫说"你的电脑被小偷偷走了吗？"小明应该怎么回答？ 学生：我的电脑没有被小偷偷走，我的电脑被/叫/让（我）摔坏了。 （教师再请2~3人单独回答） 教师展示开空调的图片。	教师给学生构建语言点使用的情景，让他们感受该语言点的语用环境和语义内涵，即受事主语"被处置"。

表5-9（续）

项目	内容	备注
	教师：现在是夏天，天气很热，大家都在办公室里忙，海克从外面进来了，问大家"办公室里太热了，空调坏了吗"，你们怎么回答？ 学生：空调没有坏，空调被/叫/让（我）关了。 （教师再请2~3人单独回答） 四、布置课下作业（2分钟） 教师：刚才大家说得都很好。被动句在很多语言里都有，汉语的被动句有好几种，今天学了第一种，下课后请你们做第171页的"练一练"，然后看"热身练习2"，用"被"字句给这些连起来的词语造句子，比如第一个：解决问题，可以说："问题被（我）解决了。"大家明白了吗？ 学生：明白了。 教师：很好，大家在写的时候，一定要注意"被"字句的特点，写完后也可以想一想你们国家的语言里被动句是怎么说的，与汉语进行比较。	教师布置任务时，要确保学生知道该做什么、怎么做，这样可以提高完成率。 教师启发学生用目标语言与母语进行对比，减少偏误。

四、存现句

存现句是语义上表示何处存在、出现、消失了何人或何物的句式，语言上用来描写景物或处所的一种特定句式。由于容易受母语负迁移和"是"字句负迁移的影响，学习者尤其是初级学习者存现句习得偏误出现频率较高。

在《标准》中，考查"地点词+有+数量短语+名词"（学校里有20位老师）及"地点词+动词+着（+数量短语）+名词"（桌子上放着一本书）这两种表示存在存现句，属于HSK二级学习范围的语言点；考查"地点词+动词+趋向补语/结果补语+动态助词（了）+数量短语+人/物"（我家昨天来了一位客人）的表示出现的存现句，以及"地点词+动词+结果补语+动态助词（了）+数量短语+人/物"（公司调走了几名员工）结构的表示消失的存现句，属于学习者在HSK四级水平应该习得的语言点。

以"HSK标准教程"系列为例，在该教材第一册第10课出现了表示存在的"有"字句：

桌子上有一个电脑和一本书。

学校里有一个商店。

第三册第 3 课出现了"动词+着"表示存在的表达：

桌子上放着很多饮料。

上面写着 320 元。

我家楼上住着一个老师。

下面我们以该教材第三册第 3 课为例，详细展示存现句"动词+着"的教学案例，如表 5-10 所示。

表 5-10　存现句"动词+着"的教学案例

项目	内容	备注
课堂类型	中级汉语综合课	
教学内容	《HSK 标准教程 3》第 3 课——桌子上放着很多饮料 本课语言点：地点词+动词+着+数量短语+名词	
教学对象	备考 HSK 三级，已掌握 800 个左右词汇量，并具备一定听、说、读、写和汉语日常交际能力，在华或海外的母语非汉语的初级水平学习者	
教学目标	了解并掌握存现句"动词+着"，强调时间、地点和方式	
教学时间	本语言点共 20 分钟	
教学用具	课件	
教学流程	导入语言点—归纳和操练语言点—小组操练—布置课下作业	
教学步骤	一、导入语言点（3 分钟） 教师指讲桌。 教师：同学们看，桌子上有什么？ 学生：桌子上有一本书和一个杯子（教师板书）。 教师：很好！我们学校里有什么？ 学生：我们学校里有很多楼和很多人（教师板书）。 教师：大家说得很对。我们看这两个句子，句子里面有什么？ 教师带领学生分析这两个句子的结构成分，帮助学生回忆学过的表示存在的"有"字句： 　　　　地点词 + 有 + 数量短语 + 名词	以旧带新导入法

表5-10（续）

项目	内容	备注
	教师：今天我们再学一个表示存在的句型，大家现在看你们的书第23~24页，同学们先读一读，看看这个句型和"有"字句哪里一样？哪里不一样？ 二、归纳和操练语言点（10分钟） 教师给学生2分钟时间自学语言点，逐渐培养学生的自学能力和对比相关语言点的能力。 学生自学时，教师板书目标语言点的结构： 地点词+动词+着+数量短语+名词 （2分钟后） 教师：大家看完了吧？这两种句子哪里一样？ 学生：都有"地点词"，都有"数量短语"和名词，也都用动词，都表示什么地方有什么东西。 教师：非常好！大家说得很对，也很全！虽然它们都表示什么地方有什么东西，但是它们也有不一样的地方，是哪里？ 学生：动词一样，一个是"有"，一个是"动词+着"。 教师：正确！并且大家记住，"动词+着"里的"动词"主要是"放、写、住、坐"等这些，不是所有的动词都可以。现在大家看大卫的桌子，他的桌子上放着什么？ 学生：大卫的桌子上放着一支笔和一本书。 教师：大家看书的第20页"热身2"，左边的同学一起问，右边的同学一起回答。 左边学生：桌子上放着什么（东西）？ 右边学生：桌子上放着水、本子和笔。 左边学生：车里坐着谁？ 右边学生：车里坐着几个人/三个人。 教师：大家注意，第二张图片，还可以怎么问？ 学生：车里坐着几个人？/车里坐着哪些人？ 教师：非常好！请大家继续。 左边学生：椅子下有什么？ 右边学生：椅子下站着一个孩子。 左边学生：椅子上坐着什么？ 右边学生：椅子上坐着很多小狗。 教师：大家说得都特别好！还有一件事大家要注意，这个句型的名词都是不确定的，所以我们说"很多笔、	教师在课堂教学中要有意识培养学生多方面的学习策略，自学能力的培养是引导学生课下和进入中、高级阶段学习的关键。 教师开展步骤简练的课堂活动，可丰富练习形式。

表5-10（续）

项目	内容	备注
	几个人"，不说"他的笔"，不说"车里坐着大卫的弟弟"。那如果是确指的名词怎么办呢？比如你们看，这是我的书，在这个桌子上，有谁知道这样的句子怎么说？ 学生：老师的书（放）在那个桌子上。 教师：非常好！也就是说，汉语里一般把确指的名词放在主语上，不放在宾语上。 教师：下面请大家回答，这个桌子上放着电脑吗？ 学生：这个桌子上没放着电脑。 教师：那个椅子上坐着一个男孩儿吗？ 学生：那个椅子上没坐着男孩儿。 教师：大家说得特别好！看来你们刚才都好好看书了，这个句型的否定形式"地点词+没+动词+着+名词"（板书）是动词前面加"没/没有"，同时动词后的名词前不加数量短语。现在大家看我们教室，地上放着篮球吗？ 学生：地上没放着篮球。 教师：墙上挂着画吗（板书未学生词"挂"）？ 学生：墙上没挂着画，挂着中国地图和世界地图。 三、小组操练（6分钟） 教师：现在大家看看你们的桌子上、书桌里面、书包里、衣服里，看看我们的教室、校园里，同桌之间一个人问，一个人回答。2分钟后请你们来告诉我。 教师给学生2~3分钟时间小组练习。随后，教师请3~5组学生一问一答。 教师：大家刚才说得都很好！现在我们再看一看，我们的教室里面都有什么，大家一起说一说。我给大家开始：我们的教室在教学楼的五楼，是左边第一个教室。教室里边…… 学生：教室里边放着很多桌子和椅子，墙上挂着一张中国地图和世界地图，老师的桌子上放着一本书和一个杯子，大家的桌子上也放着书和笔，桌子里放着书包，书包里放着手机…… 四、布置课下作业（1分钟） 教师：同学们描述得真好！下课后，大家也这样写一写你的宿舍或者房间，下节课我们请同学上来说一说。	教师适当引导不同句型的对比，能减少学习者的使用偏误。 教师就地取材进行操练，使学生的习得内容更贴近真实生活，也有助于学生开口表达。 学生练习时，教师要及时巡视课堂，给予学生必要的帮助。 学生在描述时，教师要及时用手势引导，如果难度较大，可带领学生一起描述并在课件或黑板上给出结构格式。

五、比较句

在对外汉语初级教学中，比较句种类繁多，使用频率很高，既是重点又是难点。因此，在教学中，教师不仅要针对汉语比较句的特点进行讲解、操练，还要考虑到学习者的个体差异，分析初级学习者常犯的比较句偏误，有针对性地提出纠错方法，循序渐进，以达到学以致用的目的。

由于汉语比较句句式多样，在中文水平等级标准里分布范围广泛，从HSK 一级、HSK 七至九级皆有涉及（详见第二章）。因此比较句相应地在对外汉语教材中涉及范围很广。"HSK 标准教程"系列中，在《HSK 标准教程 1》第 11 课的重点语言点包括了比较句最基本句型"A 比 B+形容词"和其否定形式"A 没有 B+形容词"以及其后加数量短语等的句型"A 比 B+形容词+数量短语／一点儿／一些／得多"：

哥哥比姐姐高。

哥哥没有姐姐高。

西瓜比苹果贵两块钱。

紧接着，第 12 课学习了"A 比 B+动词+得+形容词"句型：

他比我学得好。

他学得比我好。

在《HSK 标准教程 3》第 9 课学习了另一种表示比较的句型"A 跟 B 一样（+形容词）"：

这本书跟那本书一样。

她的汉语说得跟中国人一样好。

第 10 课又重点学习了句型"A 比 B+形容词+一点儿／一些／得多／多了"：

大山比大卫矮一点儿。

咖啡没有茶好喝。

该句型在该系列教程第一册和第三册均有涉及，可能是因为在第一册中只是作为比较句最基本格式"A 比 B+形容词"的补充介绍，并没有详细学习，而在第三册学习了汉语的补语后再详细学习此句型，学习者接受起来更容易。

下面我们以《HSK 标准教程 3》第 10 课为例，详细展示比较句"A 比 B+形容词+一点儿／一些／得多／多了"的教学案例，如表 5-11 所示。

表 5-11　比较句"A 比 B+形容词+一点儿/一些/得多/多了"的教学案例

项目	内容	备注
课堂类型	初级汉语综合课	
教学内容	《HSK 标准教程 3》第 10 课——数学比历史难多了 本课语言点：比较句"A 比 B+形容词+一点儿/一些/得多/多了"	
教学对象	备考 HSK 三级，已掌握 1 000 个左右词汇量，并具备一定听、说、读、写和汉语日常交际能力，在华或海外的母语非汉语的初、中级水平学习者	
教学目标	能够掌握和运用比较句"A 比 B+形容词+一点儿/一些/得多/多了"	
教学时间	本语言点共 20 分钟	
教学用具	课件	
教学流程	导入语言点—语言点讲解和机械性操练—有意义的操练—布置课下作业	
教学步骤	一、导入语言点（3 分钟） 教师：同学们看课文 1，里面有几个人？ 学生：三个人，马可、大山和大山的朋友。 教师：很好。马可和大山个子一样高吗？ 学生：马可和大山的个子不一样。 教师：那他们俩谁高？谁矮？ 学生：大山比马可矮（一点儿）。 教师：大山比马可矮，矮多少？ 学生：大山比马可矮一点儿（教师板书）。 教师：大家说得很棒！看大山和马可的年龄，他们俩谁大？谁小？ 学生：大山比马可大（两岁）。 教师：大山比马可大，大几岁？ 学生：大山比马可大两岁（教师板书）。 教师：大山和马可都是汉语班的学生，他们谁的汉语说得更好？ 学生：马可比大山说得好（一些）。 教师：马可比大山说得好很多吗？	教师用上节课学过的语言点引出本节课语言点。

表5-11(续)

项目	内容	备注
	学生：马可比大山说得好一些（教师板书）。 教师：对。也可以说"大山的汉语没有马可好。" （教师板书，写在上面三个例句右边） 二、语言点讲解与机械性操练（8分钟） 教师：同学们看这三个句子，它们哪里一样？ 学生：都有"比"。 教师：很好。现在我们再学习一个比较句，大家看书，翻到84页，看第一个语法，我们一起来看这个句式的结构。 教师带领学生分析并得出该句式的结构公式：A 比 B+形容词+一点儿/一些/得多/多了。 教师：大家再看右边这个句子，这是这个句式的否定形式，它的否定形式是什么？ 学生：没有。 教师：很好。我们一起说一下它的句式。 教师和学生：A 没有 B+形容词 教师：大家注意，否定形式和肯定形式有两个地方不一样：① 形容词后面没有别的词语；②形容词前面常常加"这么"或者"那么"。所以这个句式可以这么写：A 没有 B（+这么/那么）+形容词。 教师展示一只小猫和一只老虎的对比图。 教师：我们看这张图片，其中有什么动物？ 学生：有一只猫和一只老虎。 教师：很好！它们哪个个子高？ 学生：老虎的个子比猫高很多/多了/得多。 教师：李卫，你来说。 （教师请2~3名学生单独回答） 教师：你们觉得猫比老虎厉害吗？ 学生：猫没有老虎（那么）厉害/猫比老虎厉害一些。 （教师请2~3名学生单独回答） 教师：老虎和猫哪个更可爱？ 学生：…… （教师同样请2~3名学生单独回答） 三、有意义的操练（8分钟） 教师展示很多水果的图片。 教师：大家看这张图片，上面有什么水果？	教师运用归纳法，得出语言点结构公式。将肯定形式和否定形式进行对比，加深学生印象，减少使用偏误。 教师采用演绎法，直接告知学生语言点规则，再操练，避免不必要的偏误出现，减少了干扰。

表5-11(续)

项目	内容	备注
	学生：有西瓜、苹果、葡萄、香蕉…… 教师：好，现在大家跟同桌说一说，一个人问，一个人回答，哪个水果更大、更便宜，你觉得哪个水果更好吃、更甜？2分钟后我请你们来给我介绍。 学生练习时，教师要在课堂间巡视，及时给予学生指导、帮助。学生自由练习结束后，教师请2~3组学生来问答。最好教师请2~3名学生用比较句描述图片，教师可做示范。 教师：现在我们一起来说一说这张图片——这里有很多水果，有一个西瓜、三个苹果、两个香蕉、一些葡萄等，西瓜比其他水果大很多，苹果比葡萄便宜一点儿…… 大家一起描述完后，教师请3~4名学生单独描述，并及时给予帮助。 四、布置课下作业（1分钟） 教师：下课后，请大家写一写你和你的家人、朋友，比较一下你们的大小、高矮、胖瘦，或者比较一下你和朋友的东西，可以写句子，也可以写短文，就像刚才我们说的那样，大家明白了吗？ 学生：明白了。	教师带领学生进行语篇操练，培养成段表达能力。

六、"是……的"句型

"是……的"句型在外国学习者学习汉语的初、中、高级阶段都极其重要。该句型语义丰富、语法功能多样，因此使用频繁且使用范围十分广泛。不过，由于外国学习者不太容易掌握其使用范围和语义范畴，又容易受到"是"字句或"的"字短语的负迁移影响，外国学习者使用"是……的"句型出现偏误的频率很高。

"是……的"句型主要用于强调已经发生或者完成的动作的时间、地点、方式、对象、目的等，是动词谓语句的一种，突出强调与动作相关的某个成分。

在《标准》中，考查强调时间、地点、方式、动作者的用法属于 HSK 二级语法点（如"我是昨天到的北京"和"我是坐飞机来的"），而考查"是……的"句强调说话人的看法或态度的用法（如"这道题是很简单的"）属于 HSK 四级语法点。

以"HSK 标准教程"系列为例，在该教材第一册第 15 课出现了强调时间、地点和方式的"是……的"句型：

我是昨天来的。

这是在北京买的。

你们是怎么来饭店的？

在第二册第 4 课出现了强调实施的"是……的"句型：

这本书是我买的。

晚饭是妈妈做的。

电话是谁打的？

下面我们以《HSK 标准教程 1》第 15 课为例，详细展示"是……的"句型的教学案例，如表 5-12 所示。

表 5-12 "是……的"句型的教学案例

项目	内容	备注
课堂类型	初级汉语综合课	
教学内容	《HSK 标准教程 1》第 15 课——我是坐飞机来的 本课语言点："是……的"句型	
教学对象	备考 HSK 一级，已掌握 200 个左右词汇量，并具备一定听、说、读、写和汉语日常交际能力，在华或海外的母语非汉语的初级水平学习者	
教学目标	能够了解并掌握以"是……的"句型来强调时间、地点和方式	
教学时间	本语言点共 17 分钟	
教学用具	课件、一件私人物品（衣服、书等）、一张表格（按学生人数打印）	
教学流程	导入语言点—总结语言点结构并操练—有意义的操练—布置课下作业	

表5-12(续)

项目	内容	备注
教学步骤	一、导入语言点（3分钟） 教师：同学们看课文1，课文1里面有几个人？都是谁？ 学生：有三个人，A、B和李小姐。 教师：很好。B和李小姐认识吗？ 学生：（他们）认识。 教师：他们是什么时候认识的？ 学生：他们是2011年9月认识的（教师板书）。 教师：他们是在哪儿认识的？ 学生：他们是在学校认识的（教师板书）。 教师：大家看这张图片，这个人今天去公司了，他是怎么去公司的？ 学生：他是开车去（公司）的（教师板书）。 教师：大卫，你今天是开车来教室的吗？ 大卫：不是，我今天是走路来的。 教师："不是"，怎么用句子说？ 学生：我今天不是开车来教室的（教师板书）。 二、归纳语言点结构并操练（6分钟） 教师：同学们说得都很好。现在大家看黑板，我们看今天学的语法的结构。 教师依据板书的四个例句，带领学生总结"是……的"句的结构： 主语（+是）+时间/地点/方式+动词（+宾语）+的。 否定形式： 主语+不是+时间/地点/方式+动词（+宾语）+的。 问题形式： 主语（+是）+什么时候/在哪儿/怎么+动词（+宾语）+的？ 教师：大家看，这两个句子里（指板书），"是"可以省略，可以没有。比如说"大卫今天怎么来的？大卫今天走路来的。你们什么时候认识的？我们去年认识的"。但是，否定形式的句子，只能说"不是"，有"不"，必须有"是"（特点1）。 教师：同学们看，这些句子的宾语都可以省略，可以不说（特点2）。 教师：还有，大家看这些句子，这些动词都已经发生了，所以"是……的"句一定用在已经发生的事情。	教师利用课文目标句导入语言点。 三个例句分别强调动作的时间、地点和方式。 一个否定形式例句 教师用归纳法带领学生总结句子结构。 教师对语言点的结构形式和语法特点进行全面归纳总结，体现了"精讲"原则，为"多练"做充分准备，避免学生出现不必要的偏误。

表5-12(续)

项目	内容	备注
	我们不能说： ＊他明天是走路来的。 ＊他是下个月到中国的。 （教师拿出准备好的私人物品，比如一件衣服） 教师：你们看，这是什么？ 学生：这是一件衣服。 教师：这件衣服好看吗？ 学生：（这件衣服）很好看。 教师：这是我买的。你们想知道什么，问我吧。 学生：这件衣服是什么时候买的？ 教师：这件衣服是上个月买的。 学生：这件衣服是在哪儿买的？ 教师：这件衣服是在网上买的。 学生：这件衣服是怎么买的？ 教师：这件衣服是用手机买的。 三、有意义的操练（8分钟） 1. 师生互练（2分钟）。 教师拿起一个学生的物品，比如手机： 教师：李婷，这是什么？ 李婷：这是我的手机。 教师：这个手机是你买的吗？ 李婷：这个手机是我买的。 教师：这个手机是什么时候买的？ 李婷：这个手机是去年买的。 教师：这个手机是在哪儿买的？ 李婷：这个手机是在手机商店买的。 教师：李婷说得非常好！同学们，李婷的手机是买的还是朋友送的？ 学生：她的手机是买的。 教师：她的手机是在哪儿买的？ 学生：她的手机是在手机（商）店买的。 教师：她的手机是什么时候买的？ 学生：她的手机是去年买的。 2. 小组练习（3分钟）。 教师：现在同学们，你们自己和你的同桌一起练习，用我刚才问李婷的方法，问一问你同桌的一些东西，一会儿我请同学来回答。	教师充分使用教具，增强课堂趣味性。 全面的情景操练，可以让学生体会目标语言点的语义范畴和语用范围。 学生先听再说，锻炼学生捕捉关键信息的能力。

表5-12（续）

项目	内容	备注
	（学生自由练习时，教师要在教室里巡视，及时纠正学生的语法、语音偏误，回答学生提出的问题） 3. 情景表演（3分钟） 教师请3~5组同学就他们身边的物品进行问答，每组2个同学。 四、布置课下作业 教师：刚才大家说得都很好。现在给你们布置一次作业，请大家下课后问一问你的中国朋友或者室友，问几个他们有意思的东西，然后填写表格。现在我把表格发给你们。	由集体操练过渡到个人练习，保证学生的开口率和课堂的适度紧张感，能及时发现个性化偏误。 在充分操练基础上，教师给学生布置任务型练习

什么东西	什么时候	在哪儿	怎么
电脑	2020 年	商场	用人民币

第四节　固定格式教学范例

一、又……又……

"又……又……"是汉语中常用的一种固定格式，它结构相对简单，但在实际生活中使用频率较高，大多数对外汉语教材都会把它作为专门的语言点进行学习。

在《标准》中，"又……又……"属于 HSK 二级语言点，不过该标准只列举了"又"后面加不同形容词的两个例子，并未提及同样比较常用的"又"后面加动词的情况。就对外汉语教材而言，处理方式也不一样。"HSK 标准教程"系列在第三册第 4 课学习了该语言点，但只学习了"又+形容词 1+又+形容词 2"这一种情况；而《发展汉语：初级综合 1》第 20课则明确解释"'又……又……'表示几种动作、状态、情况同时存在"，并列举了"又+动词 1+又+动词 2"和"又+形容词 1+又+形容词 2"的例子。

我们认为"又+动词1+又+动词2"与"又+形容词1+又+形容词2"一样重要，同时考虑到该固定句型相对简单易懂，从而将这两种用法作为一个语言点介绍给学习者。

下面我们以《发展汉语：初级综合1》第20课为例，详细展示"又……又……"句型的教学案例，如表5–13所示。

表5–13 "又……又……"句型的教学案例

项目	内容	备注
课堂类型	初级汉语综合课	
教学内容	《发展汉语：初级综合1》第20课——快餐可以送到家里 本课语言点："又……又……"句型	
教学对象	备考HSK二级，已掌握600个左右词汇量，并具备一定听、说、读、写和汉语日常交际能力，在华或海外的母语非汉语的初、中级水平学习者	
教学目标	能够掌握并会使用"又……又……"句型	
教学时间	本语言点共15分钟	
教学用具	课件	
教学流程	导入语言点—语言点讲解和操练—词语归类及有意义的操练	
教学步骤	一、导入语言点（5分钟） 教师：同学们看课文1，这个人知道很多中国快餐店都可以送外卖了，他觉得在家里就能吃到热饭菜怎么样？ 学生：（他觉得）又方便又舒服（教师板书）。 教师展示苹果的图片。 教师：大家看这个树上的苹果，大不大？红不红？ 学生：很大，也很红。 教师：很好，我们可以说"这个树上的苹果又大又红"（教师板书）。 教师展示一家人过年的图片。 教师：大家看，春节了，家人们都回到家里了，大家在一起做什么？	教师先用课文内容导入目标语言点，再使用图片引入情景，适当操练，给出充足的例句，为总结语言点特征做充分准备。

表5-13（续）

项目	内容	备注
	学生：在一起吃饭，在一起喝酒，在也可能喝饮料。 教师：大家说得都对，你们说的内容可以放在一起说：春节了，家人们在一起又吃又喝（教师板书）。 教师展示一群人唱歌跳舞的图片。 教师：同学们看，他们在一起做什么？ 学生：在唱歌、跳舞。 教师：很好！我们可以说"他们在一起又唱歌又跳舞"，开心不开心？ 学生：很开心。 教师：对！大家一起说。 学生：他们在一起又唱歌又跳舞，很开心（教师板书）。 二、语言点讲解和操练（5分钟） 教师：好，我们看这四个句子，都有什么？ 学生：都有"又"。 教师：有几个"又"？ 学生：两个。 教师：很好。 教师板书"又……又……"。 教师：大家看前两个句子，"又"后面是什么词语？ 学生：是形容词。 教师：对了，都是形容词，我们写作形容词1和形容词2。 教师板书"又+形容词1+又+形容词2"。 教师：大家注意，在一个句子里面，形容词1和形容词2可以都是我们喜欢的词，也可以都是我们不喜欢的词，比如"又漂亮又便宜""又贵又不好吃"，但是不可以一个形容词是我们喜欢的，另一个形容词是我们不喜欢的，比如不可以说"又好吃又贵"，我们都喜欢好吃的吧？但是没有人喜欢贵。所以大家记住，"又……又……"后面的形容词可以都是积极的，是我们喜欢的，或者都是消极的，我们不喜欢的。 教师：现在我们看句子三和句子四，"又"后面都是什么词？ 学生：都是动词。 教师：非常好，所以我们也可以说"又+动词1+又+动词2"（板书），比如又唱又跳，又吃又喝。现在我们来练习一下。	教师运用归纳法总结语言点结构特点。 教师及时补充语言点特点，坚持精讲原则，为操练做充分准备，也避免学生偏误形成后再纠正。

表5-13（续）

项目	内容	备注
	教师展示西瓜的图片。 教师：大家看这是什么水果？ 学生：西瓜。 教师：你们在中国都买过西瓜吧？也吃过吧？你觉得中国的西瓜怎么样？ 学生：中国的西瓜又好吃又便宜。 教师：李婷，你来说一说。 李婷：中国的西瓜又大又好吃。 （教师请2~3名学生输出） 教师展示公园的图片。 教师：大家看这是什么地方？ 学生：是公园。 教师：你觉得这个公园怎么样？ 学生：这个公园又安静又干净。 （教师请2~3名学生输出） 三、词语归类及有意义的操练（7分钟） 教师：大家刚才说得都很棒。我们知道"又……又……"后面的形容词可以都是积极的，是我们喜欢的，或者都是消极的，我们不喜欢的。现在我们一起来说一说，你知道积极的形容词有哪些？ 学生：漂亮、高兴、可爱、甜…… 教师：表示消极的形容词有哪些？ 学生：热、冷、贵、难、慢、胖、矮…… 教师：很棒！大家可以写下来。然后看下面这些图片，我请同学用"又……又……"来说一下。 图片1：汽车。 图片2：葡萄牙。 图片3：饭店。	教师提醒学生做笔记。 教师带领学生用归类法总结已学词汇，一方面巩固记忆，另一方面为语言点操练打基础。

二、除了……（以外），……还/也/都……

此固定句型是学习者必掌握的语言点之一，它在语法和语义上有些复杂，对于母语是非英语的学习者来说，可能理解和运用起来困难，因此其是对外汉语教材必有的一个语言点。

"除了……（以外），都……"表示在一个范围内，排除一部分，其他的都有相同情况，比如"除了我以外，大家都听懂了"；"除了……以外，也/还……"表示排除一部分，补充其他的，句子的主语可以放在句首，也可以放在"也/还"的前边，比如"除了唱歌以外，他还喜欢画画"。

此语言点属于 HSK 三级考查内容，在 "HSK 标准教程" 系列第三册第 15 课中是重点讲练语言点之一。

下面我们就以《HSK 标准教程 3》第 15 课为例，详细展示"除了……（以外），也/还/都……"句型的教学案例，如表 5-14 所示。

表 5-14 "除了……（以外），也/还/都……"句型的教学案例

项目	内容	备注
课堂类型	初级汉语综合课	
教学内容	《HSK 标准教程 3》第 15 课——其他都没什么问题 本课语言点："除了……（以外），也/还/都……"句型	
教学对象	备考 HSK 三级，已掌握 1 000 个左右词汇量，并具备一定听、说、读、写和汉语日常交际能力，在华或海外的母语非汉语的初、中级水平学习者	
教学目标	能够掌握并使用"除了……（以外），也/还/都……"句型	
教学时间	本语言点共 20 分钟	
教学用具	课件	
教学流程	导入及讲练语言点第一部分—导入及讲练语言点第二部分	
教学步骤	一、导入及讲练语言点第一部分（10 分钟） 教师：同学们看课文 1，大山在老师的办公室，老师在看大山的作业，他的作业有没有问题？ 学生：有问题。 教师：哪里有问题？ 学生：有一个句子的意思有些不清楚。 教师：其他的呢？ 学生：其他都没什么问题。 教师：很好！我们可以用一句话来说——"除了一个句子意思不清楚以外，其他的都没什么问题"（板书）。	教师将"除了……（以外），都……"和"除了……以外，也/还……"分开导入和讲练，便于学生清晰认识语义内涵，不容易混淆。 教师用课文内容导入语言点。

表5-14（续）

项目	内容	备注
	教师用图片演示语义，见图5-1。 **图5-1 "大山的作业"句子的语义演示** 教师：大家看课文2，同学们都在教室了吗？ 学生：小云还没来。 教师：其他人都来了吗？ 学生：其他人都来了。 教师：很好，我们可以说"除了小云，其他人都来了"（板书）。 教师用图片演示语义，见图5-2。 **图5-2 "班上的同学"句子的语义演示** 教师：现在大家看书，翻到第128页，看第一个语法，"除了……（以外），主语+都……"。大家明白它的意思了吗？ 学生：明白了。 教师：很好！大家注意，这个"以外"可以省略，可以有，也可以没有。现在看我们这个教室里的人，大家都是外国人吗？ 学生：除了老师以外，其他人都是外国人。 教师：大山，你来说（请2~3名学生输出）。 教师展示一桌中国菜的图片。 教师：大家看这些中国菜，它们都很辣吗？ 学生：除了一个菜，其他菜都很辣。	教师在和学生进行对话时，可在黑板上用图片演示句子的语义。

表5-14（续）

项目	内容	备注
	二、导入及讲练语言点第二部分（10分钟） 教师：大家看课文3，他们在谈论上网的事情，在网上可以做什么？ 学生：可以看新闻、听歌、看电影、买东西…… 教师用图片演示语义，见图5-3。  图5-3 "可以在网上做的事情"句子的语义演示 教师：我们可以用"除了"来说，怎么说呢？ 学生：除了看电影，我们还可以在网上听歌、看电影、买东西（板书）。 教师：看课文4，这个地方有什么重要节日？ 学生：有春节、中秋节、啤酒节。 教师：用"除了"怎么说？ 学生：除了春节、中秋节以外，这个地方还有啤酒节也很重要。 教师用图片演示语义，见图5-4。 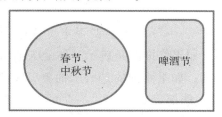 图5-4 "这个地方的重要节日"句子的语义演示 教师：大家继续看第128页语法一，"除了……以外，还/也……"，大家明白它的意思了吗？ 学生：明白了。 教师：好，现在我们看这张图片，桌子上只有苹果吗？ 教师展示桌上水果的图片。 学生：除了（四个）苹果以外，桌子上还/也有（半个）西瓜。	

表5-14（续）

项目	内容	备注
	教师：马可，你来说一下。 （请2~3名学生完整输出） 教师：李卫，你只会说汉语吗？ 李卫：除了汉语以外，我还会说英语、法语。 教师：很棒！同学们注意，"除了……以外，还/也……"这个句型主语可以放在"还/也"前边，也可以放在整个句子前面，即"除了……以外，主语+还/也……"或者"主语+除了……以外，还/也……"（板书）。比如"除了汉语以外，李卫还会说英语、法语"，也可以说"李卫除了汉语以外，我还会说英语、法语"。 教师：李玲，你只会说汉语吗？ 学生：我除了汉语以外，也会说英语。 教师：同学们，你们在中国只去过西安这一个地方吗？ 海克，你来回答一下（教师请3~4名学生来回答）。 接下来，教师可以就学生吃过的中国菜、中国朋友、教室里的物品等进行师生问答、生生问答。	操练话题贴近生活，便于学习者理解和运用语言点。

三、一……也/都+不/没……

1. 基本概念

"一……都/也+没有/不+……"用于强调否定，意思是"完全没有……"或者"完全不……"。如果修饰的是表示具体的人或事物的可数名词，"一"的后面通常用量词；如果修饰的是表示抽象事物的名词、不可数名词、形容词、心理动词、能愿动词等，"一"的后面通常常用"点儿"。

我们用"一+量词+名词+也/都+不/没+动词"表示完全否定。

例如：（1）我一个苹果也不想吃。

（2）昨天他一件衣服都没买。

（3）小丽一杯茶也没喝。

（4）手机、电脑、地图，一个也不能少（带）。

有时候，"一+量词"还可以用"一点儿"来表示。

例如：（1）我一点儿东西也不想吃。

（2）这个星期我很忙，一点儿时间也没有。

（3）今天早上我一点儿咖啡都没喝。

（4）我一点儿钱都没带，所以不能买衣服。

当谓语是形容词时，我们通常用"一点儿也/都+不+形容词"表示完全否定。

例如：（1）他一点儿也不累。

（2）南方一点儿都不冷。

（3）那个地方一点儿也不远。

（4）你怎么一点儿也不着急？

2. 常见偏误

（1）误：他一封也没写信。

改：他一封信也没写。

分析：名词要放在量词之后。

（2）误：对历史我不懂一点儿。

改：对历史我一点儿也不懂。

分析：说话人要表达的是"完全不懂历史"，所以要用强调否定的句型。

（3）误：他一点也没喜欢我。

改：他一点也不喜欢我。

分析："喜欢"为心理动词，其具有非过程性，否定时使用否定词"不"。

（4）误：他一点也没有来。

改：他一次也没有来。

分析：量词误用。"来"为趋向动词，与之搭配的动量词应为"次/趟"。

（5）误：我有一点事也没有。

改：我一点事也没有。

分析：动词多余。"一点事"前的动词"有"为多余成分，应删除。

3. "一……也/都+不/没……"的教学分析

在 HSK 三级第 1 课"周末你有什么打算"中，固定句型"一……也/都+不/没……"表示否定。该句中包含了很多语法规则，因此教学重难点在于：学生容易出现较多偏误。根据教学经验总结和对偏误的分析，我们可以将教学重难点概括如下：

（1）结构的基本语义。该句式是通过对事物最小量的否定来实现全部否定，表示事物根本不存在或事情根本没有发生。

（2）量词的最低级次。用于该结构中的量词必须处于同类量词范畴中的最低级次。同时，也要注意"一点"在该句式中的两种错误：*他一点也没有来；*我们一点话也不说。

（3）"不/没"五个基本区别：①"没"不能用于将来时；②"不"无时体意义，不能与"过"连用；③静态形容词描述的是某种事物一直不变的状态，对其否定只能用"不"；④能愿动词（如应该、会等）的否定要用"不"；⑤"不"用于否定动补结构，否定形式为"动词+不+补语"。

固定句型"一……也/都+不/没……"是 HSK 三级的重点语法，体现在《标准》的"HSK 三级语法等级大纲"范围内，同时也是 HSK 中造句、阅读、听力中的常见考点。教学过程中，教师须注意强调，在"一……都/也+没有/不+……"的格式中，如果有名词，名词不能放在动词的后面，而应该放在"一"和量词的后面。

4."一……也/都+不/没……"的教学过程

下面我们以《HSK 标准教程 1》的第 1 课为例，详细展示"一……也/都+不/没……"句型的教学案例，如表 5-15 所示。

表 5-15 "一……也/都+不/没……"句型的教学案例

项目	内容	备注
课堂类型	初级汉语综合课	
教学内容	《HSK 标准教程 3》第 1 课——周末你有什么打算？ 本课语言点："一……也/都+不/没……"句型	
教学对象	备考 HSK 三级，已掌握 600 个左右词汇量，并具备基本的听、说、读、写和汉语日常交际能力，在华或海外的母语非汉语的初、中级水平学习者	
教学目标	能够掌握"一……也/都+不/没……"的基本格式；运用"一……也/都+不/没……"进行对话练习	
教学时间	本语言点共 20 分钟	

表5-15(续)

项目	内容	备注
教学用具	课件、教材、视频	
教学流程	导入语言点—语言点归纳—操练—总结—布置课下作业	
教学步骤	一、导入语言点（5分钟） 1. 根据固定句型"一……也/都+不/没……"的特点及语用意义，我们采用情景法来讲解。 教师：（拿着一个有水的杯子）杯子里有水吗？ 学生：杯子里有水。 教师：（把水倒掉）杯子里有水吗？ 学生：没有水了。 教师：真的没有了吗？还有一点儿吧？ 学生：真的没有了，一点儿水都/也没有了。（板书） 教师：今天外面不热，但是我们教室里开着空调，你们觉得冷吗？ 学生：不冷。 教师：一点儿都/也不冷吗？ 学生：我们一点儿都/也不冷。 教师：（总结格式）当我们要强调真的完全不怎么样的时候，可以用这样的格式"一点儿（+名词）+都/也+没有/不……"（板书）。 2. 根据固定句型"一……也/都+不/没……"的特点及语用意义，我们采用图片法来讲解。 教师：大家看，她买东西了吗？ 教师展示一张购物的图片。 学生：没有，她没有买东西。 教师：她真的没有买东西吗？ 学生：真的，她没有买东西。 教师：这时候我们可以说："她一样东西都没有买"或者"她一样东西也没有买"（板书）。 教师：她买了一个西瓜吧？ 学生：她一个西瓜都/也没有买。 教师：她买了一瓶饮料吧？ 学生：没有，她一瓶饮料都/也没有买。	教师利用课文目标句导入语言点。 教师利用实物和案例让学生感受该语法点的用法。 教师利用图片法让学生感受该语法点的用法。

第五章　对外汉语重点语法教学范例　147

表5-15（续）

项目	内容	备注
	教师：（总结格式）当我们强调确实没有做什么的时候，我们可以用这样的格式"主语+一+量词+名词+都/也+没有/不+动词"（板书）。	
	二、知识点归纳（15分钟） 导入结束后，教师结合板书，对知识点进行归纳。 教师组织学生读板书的例句，总结固定句型"一……也/都+不/没……"的公式： 一+量词（+名词）+都/也+没有 例句：一本（书）都没有。 一+量词（+名词）+都/也+没有/不+动词 例句：一本（书）都没有买。 一点儿+名词+都/也+没有 例句：一点儿兴趣也没有。 一点儿+名词+都/也+没有/不+动词 例句：一点儿水都没喝。 一点儿+都/也+不+形容词（+……） 例句：一点儿都不漂亮。	教师书写板书时，归纳语法公式和展示例句，帮助学生记忆和理解。
	三、操练（15分钟） 知识点归纳与讲解之后，进行相应练习以期及时掌握与巩固。 1. 用提示词完成句子。 （1）这些汉字太难了，我＿＿＿＿＿＿＿＿（不认识）。 （2）这件衣服真便宜，＿＿＿＿＿＿＿＿（不贵）。 （3）我没带钱，＿＿＿＿＿＿＿＿（没买）。 2. 用所学的固定格式进行交际练习。 （1）刚来中国的时候，你会说汉语吗？ （2）外面太冷了，你想出去吗？ （3）明天的考试你担心吗？ （4）现在几点了？你饿吗？ （5）现在几点了？你困吗？ （6）上了一天课以后，你累吗？ （7）如果晚上你一个人在街上走，你会害怕吗？ （8）如果有人告诉你，你中了100万元大奖，你相信吗？	教师采用书面练习和口语练习两种方式。练习过程应避免枯燥，注重例句贴近学生生活以增强趣味性。

表5-15（续）

项目	内容	备注
	四、教学总结（总结公式）（5分钟） 1. 用"一+量词+名词+也/都+不/没+动词"表示完全否定。 例句：昨天他一件衣服都没买。 2. 用"一+量词"还可以用"一点儿"来表示。 例句：今天早上我一点儿咖啡都没喝。 3. 当谓语是形容词时，通常用"一点儿也/都+不+形容词"表示完全否定。 例如：他一点儿也不累。	教师运用归纳法、对比法和归类法等总结该语法点。
	五、布置课下作业（5分钟） 1. 连词成句。 （1）水/一点儿/没/我/喝/今天/也 （2）件/一/没/衣服/买/我/也 （3）一点儿/这里/热/也/不 （4）一/书/我/也/到/本/买/没 （5）她/想/东西/一点儿/不/也/吃 2. 用固定句型"一……也/都+不/没……"回答问题。 （1）你现在饿吗？ （2）你喜欢做作业吗？ （3）你对历史感兴趣吗？ （4）你一个人去旅游害怕吗？ （5）考试的时候你紧张吗？ （6）你觉得汉语难吗？	坚持精讲多练原则。教师应注重多方面的练习。课堂上注重口语练习，课后作业注重阅读理解。

四、越……越……

1. 基本概念

"越……越……"句型，是指由副词"越"叠用而成的一种语法格式。在"越 A 越 B"这个句型中，A 和 B 既可以代表一个词，也可以代表一个短语。例如"越做越好""大家越讨论，问题就越明确""越是困难时候，越要关注民生"等。"越……越……"句型在现代汉语中使用频率相当高，已经成为约定俗成的固定语言结构。

通常，"越……越……"和"越来越……"一起进行教学，同时可以进行对比，避免学生出现偏误。"越来越……"表示某种性质的程度随着时间的推进而变化；"越……越……"表示某种性质的程度随着情况的发展而变化。

"越 A 越 B"表示 B 随着 A 的变化而变化。

例如：（1）雨越下越大。

（2）你的中文越说越好。

（3）越往南，天气越热。

（4）山越高，路越难走。

2. 教学重难点

（1）误：北京的人越来越很多。

改：北京的人越来越多。

分析：因为"越来越……"本身就表示程度逐渐加深，所以它后面的形容词不能再受其他程度副词的修饰。

（2）误：老师越说，越我们害怕。

改：老师越说，我们越害怕。

分析：副词"越"要放在主语的后面。

（3）误：他越来越学习中文。

改：他越来越喜欢学习中文。

分析："越来越……"的后面一般加形容词、心理动词和能愿动词，本身无法表示程度变化的一般动词不能用在"越来越……"句型中。

3. "越……越……"的教学分析

在 HSK 三级第 9 课"她的汉语说得跟中国人一样好"中，固定句型"越……越……"表示某种性质的程度随着情况的发展而变化。该句型体现在课文中，有：山越高，路越难走，我也越怕越冷。固定格式"越……越……"是 HSK 三级的重点语法，属于在《标准》的 HSK 三级语法等级大纲范围内，同时也是 HSK 中造句、阅读、听力中的常见考点。教学过程中，教师须注意将"越……越……"和"越来越……"进行对比。

（1）"越来越……"和"越……越……"本身都表示程度高，所以它们后面的形容词不能被程度副词"很、非常、太"等修饰。

（2）"越来越……"和"越……越……"后面可以跟形容词、心理动词或者能愿动词，不能跟一般动词。

（3）如果句中有两个主语，第二个主语要放在副词"越"的前面。

4."越……越……"的教学过程

下面我们以《HSK 标准教程 3》第 9 课为例，详细展示"越……越……"句型的教学案例，如表 5-16 所示。

表 5-16 "越……越……"句型的教学案例

项目	内容	备注
课堂类型	初级汉语综合课	
教学内容	《HSK 标准教程 3》第 9 课——她的汉语说得跟中国人一样好 本课语言点："越……越……"句型	
教学对象	备考 HSK 三级，已掌握 1 000 个左右词汇量，并具备基本的听、说、读、写和汉语日常交际能力，在华或海外的母语非汉语的初、中级水平学习者	
教学目标	能够掌握"越……越……"句型；运用"越……越……"进行对话练习	
教学时间	本语言点共 20 分钟	
教学用具	课件、教材、视频	
教学流程	导入语言点—语言点归纳—操练—总结—布置课下作业	

表5-16（续）

项目	内容	备注
教学步骤	一、导入语言点（5分钟） 根据"越……越……"的特点及语用意义，我们采用图片和视频展示的方法让学生感受"越……越……"的含义。教师播放一个人越跑越快的视频。 教师：这个人在做什么？ 学生：这个人在跑步。 教师：他跑得快吗？ 学生：跑得快。 教师：先开始不快，然后变快，我们可以说"他越跑越快"（板书）。 老师在黑板上写字，故意把字写得越来越大。 教师：老师的字怎么样？大吗？ 学生：老师的字越来越大。 教师：这些字越来越大，是因为什么？ 学生：老师写的。 教师：对，是老师写的，这时候我们可以说"老师的字越写越大"（板书）。 教师放三张下雨的图片，分别是小雨、中雨、大雨。 教师：看着三张图，雨有什么变化？ 学生：雨越来越大。 教师：从小雨到中雨再到大雨，我们可以说？ 学生：雨越下越大。 教师：对，雨越下越大（板书）。 二、知识点归纳（15分钟） 导入结束后，我们结合板书，对知识点进行归纳。 教师组织学生读板书的例句，总结固定格式"越……越……"的公式： （1）主语+越+动词+越+形容词/心理动词+…… 例句：她越吃越胖。 （2）主语+越+形容词1+越+形容词2。 例句：朋友越多越好。 （3）主语1+越+动词，主语2+越+形容词/心理动词+…… 例句：老师越讲，我们越不明白。	教师利用图片和视频展示让学生感受其用法。 教师书写板书时，将该语法点的用法、公式进行归纳和例句展示，帮助学生记忆和理解。

表5-16(续)

项目	内容	备注
	三、操练（15分钟） 1. 完成下列句子。 （1）这个电影越看＿＿＿＿＿＿＿＿。 （2）我们越聊＿＿＿＿＿＿＿＿。 （3）她＿＿＿＿＿＿＿＿我越担心。 （4）天气越冷，＿＿＿＿＿＿＿＿。 （5）看的书越多，＿＿＿＿＿＿＿＿。 2. 用固定句型"越……越……"进行口语交际练习 （1）你觉得什么越多越好？什么越少越好？ （2）你觉得什么越快越好？什么越慢越好？ （3）你觉得什么越难越好？什么越容易越好？ （4）你越做什么越高兴？越做什么越生气？ （5）你跟什么人聊天越聊话越多？跟什么人越聊话越少？	教师设计书面练习和口语交际练习引导学生使用该句型。
	四、教学总结（5分钟） 教师强调固定句型"越……越……"的公式，并引导学生进行集体朗读。	教师运用归纳法、对比法和归类法进行总结。
	五、布置课下作业（5分钟） 你觉得这些话对吗？ （1）蛋糕越甜越好吃。	坚持精讲多练原则。
	（2）睡觉的时间越长越好。 （3）红酒时间越长越好喝。 （4）玩游戏的时候，人越多越好玩。 （5）运动越多越健康。 （6）学汉语越早开始越好。	教师应注重多方面的练习。课堂上注重口语练习，课后作业注重阅读理解练习。

第五节　动作的态教学范例

汉语是一种没有时态的语言，与英语相比较，我们并不需要去记住各种反复的句子时态，更不需要去记住动词的时态变化（verb tenses）。当然汉语也会有表示发生在不同时间的事物，我们就会使用到这一类词：动态助词。动态助词也叫情态助词，是助词中的一个种类，通常紧接在动词或形容词之后，表动作或变化的状态。也可与时间副词连用。现代汉语中的动态助词有三个："着""了""过"。

一、动态助词"着"

1. 基本概念

《现代汉语八百词》对动态助词"着"进行了解释：表示动态的助词，紧接动词、形容词之后。动词、形容词和"着"之间不能加入任何成分。动态助词"着"可以有以下含义：

（1）表示动作正在进行。用在动词后，动词前可加副词"正、在、正在"，句末常有"呢"。例如：雪正下着呢/他们正看着节目呢。

（2）表示状态的持续。可用在动词、形容词之后。动词、形容词前一般不加"正、在、正在"。例如：门开着呢。

（3）用于存在句，表示以某种姿态存在。这里的"动+着"可以表示动作在进行中，但更多的是表示动作产生的状态。

①名词（处所）+动词+着+名词（施事）。例如：门口围着一群人/路旁长椅子坐着一对老年夫妇。

②名词（处所）+动词+着+名词（受事）。例如：手上拿着一本汉语词典。

（4）动词1+着+动词2构成连动式。

①表示两个动作同时进行，其中有的可以理解为动词1表示动词2的方式。例如：坐着讲/抿着嘴笑。

②动词1和动词2之间有一种手段和目的的关系。例如：急着上班/忙着准备出发。

③动词1正在进行中出现动词2的动作。例如：想着想着笑了起来/说

着说着不觉到了门口。

2. 教学重难点

（1）误用

误：小明坐着飞机上看书。

改：小明坐在飞机上看书。

分析：动态助词"着"用在动词的后面，后面不能加"处所宾语"。

误：他看着一个小时书。

改：他看了一个小时书。

分析：句中有补语的时候，动词后面不加"着"。

（2）句式杂糅

误：车窗开着了。

改：车窗开着。

分析："着"表示动作状态，"了"表示动作完成。

3. 动态助词"着"的教学分析

在 HSK 二级第 13 课"门开着呢"中，动态助词"着"作为本课的重要语法点，展示了动态助词"着"的第一种语法含义——某种状态的持续。

例如：教室里坐着很多人。

门开着。

他们穿着红色的衣服。

动态助词"着"还有第二种语法含义，表示行为动作的持续。

例如：她拿着铅笔。

王老师站着讲课。

动态助词"着"在使用规则上要注意以下几点：

（1）表示动作持续的"动词+着"，一般与"正在""正""在"连用，或者句尾加"呢"。例如：他正在看电视；小红正吃着饭呢；大家在喝着酒呢。

（2）"结婚""死""来""去"这样不可持续的动作，其后不能加动态助词"着"。

（3）在动词前加"没"，表示否定。

例如：门没开着。

他们没穿着红色的衣服。

她没拿着铅笔。

（4）在句末加"没有"，表示疑问。

例如：门开着没有？

他们穿着红色的衣服没有？

她（手里）拿着铅笔没有？

动态助词"着"多体现在 HSK 二级或 HSK 二至三级过渡阶段，同时体现在《标准》的 HSK 二级语法等级大纲范围内，和动态助词"过"、动态助词"了"前后出现。教师可以将三个语言点讲完后，进行总结对比，加深学生的理解和记忆。

4. 动态助词"着"的教学过程

下面我们以《HSK 标准教程 2》第 13 课为例，详细展示动态助词"着"的教学案例，如表 5-17 所示。

表 5-17　动态助词"着"的教学案例

项目	内容	备注
课堂类型	初级汉语综合课	
教学内容	《HSK 标准教程 2》第 13 课——门开着呢 本课语言点：动态助词"着"（主语+动词+着+宾语）	
教学对象	备考 HSK 二级，已掌握 600 个左右词汇量，并具备基本的听、说、读、写和汉语日常交际能力，在华或海外的母语非汉语的初、中级水平学习者	
教学目标	能够掌握动态助词"着"的基本格式；运用动态助词"着"进行对话练习	
教学时间	本语言点共 20 分钟	
教学用具	课件、教材、视频	
教学流程	导入语言点—语言点归纳—操练—总结—布置课下作业	
教学步骤	一、导入语言点（5 分钟） 1. 根据动态助词"着"的特点及语用意义，我们采用图片法来讲解"着"表示状态的用法。 教师展示一个小女孩的图片。	

表5-17（续）

项目	内容	备注
	教师：这个小女孩可爱吗？ 学生：可爱。 教师：小女孩穿着什么颜色的衣服（板书）？ 学生：小女孩穿红色的衣服。 教师：哦，我们可以说"小女孩穿着红色的衣服"（板书）。今天我们班谁穿着红色的衣服？ 学生：今天我们班小明穿着红色的衣服。 2. 根据动态助词"着"的特点及语用意义，我们采用情景法来讲解"着"表示动作持续的用法。 教师展示一个正在黑板写字的动作。 教师：老师正在做什么？ 教师展示在黑板上写字的图片。 学生：老师在写字。 教师：我们可以说：老师正写着字呢（板书）。我们现在正在做什么？ 学生：我们正上着课呢。	教师利用情景法让学生感受动态助词"着"的用法和时态。
	二、知识点归纳（15分钟） 导入结束后，教师结合板书，对知识点进行归纳。 教师组织学生读板书的例句，总结动态助词"着"的公式。 1. 表示状态的持续：主语+动词+着+宾语。 例句：她戴着一顶遮阳帽，穿着一件连衣裙。 　　　教室里坐着很多人。 　　　他们穿着红色的衣服。 2. 表示动作的持续：主语+动词+着。 例句：小红仔细地看着黑板，认真地记着笔记。 　　　她拿着铅笔。 　　　王老师站着讲课。 3. 表示否定：主语+没+动词+着+宾语。 例句：门没开着。 　　　他们没穿着红色的衣服。 　　　教师里没坐着很多人。 　　　她没拿着铅笔。 　　　王老师没站着讲课。	教师书写板书时，对动态助词"着"的两种用法（肯定式1和2）和三种形式（肯定式、否定式、疑问式）进行公式归纳和例句展示，帮助学生记忆和理解。

表5-17（续）

项目	内容	备注
	4. 表示疑问：主语+动词+着+宾语+没有？ 例句：门开着没有？ 　　　他们穿着红色的衣服没有？ 　　　教师里坐着很多人没有？ 三、操练（15分钟） 知识点讲解之后，学生进行相应练习，以期其能及时掌握与巩固。 1. 看图说话。 教师展示相关人物图片：用"动词+着"描述图片中人物的衣着、长相、动作等。 例如：她穿着红色的上衣，黑色的裤子；她长着长长的头发，很高的个子等。 2. 猜猜看。 教师让一位同学用"动词+着"描述班里另一位同学。全班一起猜猜看是谁？ 例如：他穿着白色的衣服；他戴着黑色的眼睛；他有着黑色的头发；他今天背着红色的书包；他拿着蓝色的水杯等。 3. 3~4 人一组，用结构助词"着"描述图片（见图5-1）内容，每组请一位同学做记录。 **图 5-1　描述图片** （资料来源：《HSK 标准教程 2》第 13 课的课后作业） （1）_____。（坐着 zuò zhe） （2）_____。（穿 着 chuān zhe） （3）_____。（看 着 kàn zhe） （4）_____。（说 着 shuō zhe） （5）_____。（听 着 tīng zhe） （6）_____。（拿 着 ná zhe） （7）_____。（笑 着 xiào zhe）	教师采用情景法和图片演示法开展动态助词"着"的练习。练习过程应避免枯燥，注重例句贴近学生生活以增强趣味性。

表5-17（续）

项目	内容	备注
	四、教学总结（5分钟） 教师强调动态助词"着"的特点和语用意义，并带读动态助词"着"的句型公式和例句。 五、布置课下作业（5分钟） 阅读短文，回答问题。 寻人启事 小明，男，18岁，身高1.8米，穿着一件白色衬衫、一条蓝色牛仔裤和一双黑色运动鞋，背着一个棕色的书包，戴着一副黑框眼镜，手上戴着一块手表。3月2日下午4点，在王府井大街走失，有知情者请与其家人联系，电话：135×××9789。 1. 教师读寻人启事，学生根据寻人启事的描述画出走失者的肖像。 2. 分小组练习，学生自己想象一个走失的人，写一则寻人启事并画出肖像，最后用动态助词"着"进行描述。	教师运用归纳法、对比法和归类法等总结动态助词"着"。 坚持精讲多练原则。 作业布置应注重重点词汇的积累和阅读理解能力的训练。

二、动态助词"过"

1. 基本概念

动态助词"过"表示曾经发生某一动作、存在某一状态，但现在该动作已经不再进行，该状态不再存在，可以说"过"表示"过去""曾经"。在包含"过"的句子中，"过"前的动作或状态与现在正在谈论的事情有关，或对正在谈论的事情有影响。所以"过"所在的分句是不能自足的，它不负载说话人要传达的最终的信息，在用包含"过"的句子的同时，总是有一个负载最终信息的句子，这个句子有时不存在，但听话人可以意会。动态助词"过"用在动词之后，表示动作曾经发生，强调过去的某种经历。要注意的是，不是所有的动词都可以与"过"结合。以下两种动词需要注意：

（1）如果一个动词表示在人或事物存在期间只有一次，不可能有第二次，那么这样的动词后就不能用"过"。例如，人只能"出生"一次，只能"死"一次，一个会议只能"开幕"一次，"闭幕"一次；去什么地方只能"出发"一次，"到达"一次；在一所学校只能"毕业"一次，一个学期只能"开学"一次，上学时只能"放学"一次。"消逝""褪色"等也属于此类。

（2）认知意义动词。认知意义动词表示的实际上也是一种不可改变的状态。比如，一个人认识了另一个人，一般来说就不会不认识了，"知道"也是这样。"忘了"和"不认识""不知道"是两回事。因此一般不能说"我们认识过""这件事我知道过"。"了解（知道得很清楚）""晓得""懂""明白"等属于此类。

但在否定句里，这两类动词都可以用"过"，如"他从来没毕业过""我听这个老师讲课从来没懂过"。

2. 教学重难点

（1）误用

误：小红一直在西安学过汉语。

改：小红一直在西安学汉语。

分析："过"强调过去的某种经历，"一直"是表示经常意义的副词，不能一起使用。

误：那个节目经常播送过。

改：那个节目经常播送。

误：有一天，我去过长城。

改：有一天，我去长城。

分析：动词前有了这些表示多次性、反复性的词语，或动词前边有了表示不确定时间的词语，后边都不能再带动态助词"过"。

（2）错序

误：我们见面过。

改：我们见过面。

分析："过"应该放在离合词中间。

误：我来过中国旅游三次。

改：我来中国旅游过三次。

分析：连动句中，第二个动词都是前一个动作行为的目的，句子意义的重点都在第二个动词上，因此第一个动词"去/来/到"的后边不能带"过"，"过"应当放在第二个动词谓语之后。

3. 动态助词"过"的教学分析

在 HSK 二级第 14 课"你看过那个电影吗"中,动态助词"过"作为本课的重要语法点,展示了动态助词"过"的第一种语法含义——过去的某种经历,表示曾发生过的动作或者出现过的状态。

例句:他们来过我家。

我看过那个电影。

我去过中国。

动态助词"过"还有第二种语法含义——动作行为的结束。

例句:吃过饭他就走了。

动态助词"过"在使用规则上要注意以下几点:

(1)"过"的位置应该放在动词之后,宾语之前。例如:5 岁之后,我没去过中国。

(2)"过"的位置应该放在离合词两个构词语素之间。

(3)"过"强调过去的经历,"了"强调动作已经发生。

(4)在动词前加"没/没有",表示否定。

例如:他们没来过我家。

我没看过那个电影。

我没吃过烤鸭。

(5)在句末加"没有",表示疑问。

例如:他们来过你家没有?

你看过那个电影没有?

你吃过烤鸭没有?

动态助词"着"多体现在 HSK 二级或 HSK 二至三级过渡阶段,属于《标准》的 HSK 二级语法等级大纲范围内。它和动态助词"着"、动态助词"了"前后出现,在讲完动态助词"了"时,一定要将其与动态助词"了"进行对比分析,总结两种语法的不同含义,避免学生出现偏误。

5. 动态助词"了"的教学过程

下面我们以《HSK 标准教程 2》第 14 课为例,详细展示动态助词"过"的教学案例,如表 5-18 所示。

表 5-18　动态助词"过"的教学案例

项目	内容	备注
课堂类型	初级汉语综合课	
教学内容	《HSK 标准教程 3》第 14 课——你看过那个电影吗 本课语言点：动态助词"过"（主语+动词+过+宾语）	
教学对象	备考 HSK 二级，已掌握 600 个左右词汇量，并具备基本的听、说、读、写和汉语日常交际能力，在华或海外的母语非汉语的初、中级水平学习者	
教学目标	能够掌握动态助词"过"的基本格式；运用动态助词"过"进行对话练习	
教学时间	本语言点共 20 分钟	
教学用具	课件、教材、视频	
教学流程	导入语言点—语言点归纳与讲解—操练—总结—布置课下作业	
教学步骤	一、导入语言点（5 分钟） 根据动态助词"过"的特点及语用意义，我们采用图片法导入语言点。 1. 教师展示粽子的图片。 教师：这是什么？ 学生：粽子。 教师：谁吃过粽子？ 学生：我。 教师：哦，你吃过粽子（板书）。玛丽，你呢？你吃过粽子没有（板书)? 学生：我没吃过粽子（板书）。 2. 教师展示西安钟楼的图片。 教师：这是哪？ 学生：西安。 教师：谁去过西安？ 学生：我去过西安；我没有去过西安。 3. 教师展示饺子的图片。 教师：这是什么？ 学生：饺子。	教师利用图片法让学生感受动态助词"过"的用法和时态。 教师举例子的时候注重与学生日常生活相结合，适当增加趣味性和灵活性。

表5-18(续)

项目	内容	备注

	教师：你们吃过饺子吗（板书）？
	学生：吃过。
	4. 教师展示长城的照片。
	教师：这是哪儿？有人知道吗？
	学生：长城。
	教师：你去过长城吗（板书）？
	学生：去过/没去过。
	二、知识点归纳与讲解（15分钟）
	1. 教师：同学们观察板书，发现有什么规律？
	动态助词"过"用在动词后面，表示动作曾经发生过。
	格式：
	肯定形式：主语+动词+过（+宾语）举例：我吃过饺子；我去过长城。
	否定形式：主语+没有+动词+过（+宾语）举例：我没有吃过粽子。
	疑问形式：主语+动词+过（+宾语）+没有/吗？举例：你吃过饺子吗？你去过钟楼没有？
	教师组织学生读板书的例句，总结动态助词"过"的公式：
	（1）肯定句：主语+动词+过
	例句：我去过北京。
	   我吃过饺子。
	   我参加过汉语比赛。
	   我喝过米酒。
	（2）否定句：主语+没有+动词+过
	例句：我没有去过北京。
	   我没有吃过饺子。
	   我没（有）参加过汉语比赛。
	   我没（有）喝过米酒。
	（3）疑问句：主语+动词+过+吗/没有？
	例句：你去过北京吗？
	   他吃过饺子没有？
	   小红参加过汉语比赛吗？
	   你喝过米酒没有？
	练习：教师展示五张图片（京剧、滑雪、跳舞、唱歌、回家），让学生用含有助词"过"的句式造句。
		教师书写板书时，将动态助词"过"的两种用法和三种形式进行公式归纳和例句展示，帮助学生记忆和理解。

表5-18（续）

项目	内容	备注
	注意：学生可能出现的偏误"我滑雪过""我跳舞过""我唱歌过"等。教师要强调"过"放在离合词两个构成语速中间。 教师：我看过那本书，很有意思。 　　　　我看了那本书，很有意思（板书）。 　　　　同学们看这两个句子有什么区别？ 总结："过"强调经历，"了"强调动作完成。 教师：他学过一年的汉语。 　　　　他学了一年的汉语（板书）。 　　　　同学们看这两个句子意思一样吗？ 总结："过"表示动作结束了，"了"表示动作可能持续到现在。	教师对比"过"和"了"，强调"过"表示动作结束了，"了"表示动作可能持续到现在。避免出现类似的偏误。
	三、操练（15分钟） 知识点归纳和讲解之后，我们进行相应练习以期及时掌握与巩固。 1. 交际操练。 教师展示相关图片：春卷、饺子、汉堡、披萨、红酒、白酒、可乐、咖啡、唱歌、跳舞、滑雪、跳伞、东京、伦敦、纽约、北京、上海、西安等。 以小组为单位，用动态助词"过"提问并回答。例如： 你喝过白酒吗？我喝过/我没有喝过。 2. 快问快答。 （1）你看过中国电影吗？看过什么电影？ （2）你吃过中国菜吗？你吃过什么中国菜？ （3）你去过大唐芙蓉园没有？你和谁一起去过大唐芙蓉园？ 3. 重组句子。 （1）电影、那部、我、看过 _____ （2）参观、我、历史、博物馆、过、北京 _____ （3）没有、越剧、过、我、看 _____	教师采用图片演示法和情景法开展动态助词"过"的练习。练习过程应避免枯燥，注重例句贴近学生生活以增强趣味性。
	四、教学总结（5分钟） 教师强调动态助词"过"的特点和语用意义，并带读动态助词"过"的句型公式和例句。	教师运用归纳法、对比法和归类法等总结动态助词"过"。

表5-18（续）

项目	内容	备注
	五、布置课下作业（5分钟） 1. 把"过"放在句中合适的位置上。 （1）我 A 以前去 B 日本 C。 （2）我们全家都去 A 那儿 B 滑 C 雪 D。 （3）我姐姐 A 和她 B 聊 C 天 D。 （4）我 A 没 B 听 C 这首 D 歌。 （5）大卫没在 A 那儿 B 游 C 泳 D。 2. 老师在课件或黑板上提前准备好要练习的词语，让学生根据这些词语提示在一分钟之内以最快的速度介绍自己的经历。比一比，看谁的经历最丰富。 参考词语： 学过：汉语……/钢琴……/太极拳……/跳舞…… 看过：中国电影……/中文杂志……/京剧……/熊猫…… 去过：亚洲……/中国……/北京……/颐和园…… 喝过：葡萄酒……/红茶……/矿泉水…… 吃过：中国菜……/火锅……/北京小吃……/饼干…… 参加过：夏令营……/比赛……/运动会……	坚持精讲多练原则。教师应注重多方面的练习。课堂上注重口语练习，课后作业注重阅读理解。

三、动态助词"了"

1. 基本概念

位于动词之后的动态助词"了"称为"了1"，也叫词尾"了"。《现代汉语八百词》中指出：动态助词"了"用在动词后，主要表示动作的完成。如动词有宾语，动态助词"了"用在宾语前，通常把这种"了"标记为"了1"。

（1）动词+了+宾语，一般表示动作完成。

例如：吃了饭。

（2）动词+了，不独立成句，有后续小句，表示这个动作完成后出现另一个动作或出现某一状态。

例如：我听了很高兴。

动态助词"了"用在动词之后，表示动作完成或者事情发生。

例如：他买了一本新书。

他迟到了几分钟。

"动词+了"后面如果有宾语，宾语之前通常有数量词或者其他定语修饰。如果宾语之前没有数量词或者其他定语，句尾就要有语气助词"了"，或者后面再带一个小句，表示第二个动作紧跟第一个动作发生，否则给人的感觉是语义未完。对比如下：

我买了书。我买了一本书。我买了书了。我买了书就过去。

他吃了饭。他吃了一碗饭。他吃了饭了。他吃了饭就走了。

有时动态助词"了"和语气助词"了"是合二为一的。

例如：他爷爷死了。

他去了。

"了"既可以表示过去动作的完成，也可以表示将来动作的完成。在表示将来完成的时候，常用的格式为"动词1+了+宾语+就+动词2"，如"我下了课就去找你"。

"动词+了+数量+宾语"和"动词+了+数量+宾语+了"在表义上存在一些区别，即前者表示事情或动作已经发生或完成，现在已不再做此事，后者表示事情或动作已经完成一部分或进行了一段时间，可能现在还在进行，也许还会继续进行，例如：

他吃了三个苹果（他吃完了三个苹果，不再吃了）。

他吃了三个苹果了（他吃完了三个苹果，还要继续吃）。

2. 教学重难点

（1）误用

误：我们跑步了一会儿。

改：我们跑了一会儿步。

分析："跑步"是离合词，"了"放在离合词中间。

（2）句式杂糅

误：小红上汉语课经常迟到了。

改：小红上汉语课经常迟到。

分析："经常""往往""刚刚"不与动态助词"了"连用。

误：他从上大学开始，一直学了汉语。

改：他从上大学开始，一直学汉语。

分析："一直"修饰动词谓语具有多次性、反复性、经常性，因此谓语动词后边不能有动态助词"了"。但是，如果要叙述一个动作完成以后再出现另一个情况或发生另一动作，尽管句中有表示多次性的词语，第一个动词后仍然可以带动态助词"了"。例如，"我每天晚上总是复习了旧课再预习新课"，此时"了"大致相当于"完"。

误：过去我没学过了汉语。

改：过去我没学过汉语。

分析：用"没"的否定句里的动词后一般不能再有"了"。

误：来了中国以前，我一句中国话也不会说。

改：来中国以前，我一句中国话也不会说。

分析："了"和"以前"不能同现，因为"以前"表似乎动作还没有发生，和"了"表示的完成意义不一致。但"以后"不受限制。

3. 动态助词"了"的教学分析

在 HSK 一级第 14 课"她买了不少衣服"中，动态助词"了"作为本课的重要语法点，展示了动态助词"了"的含义：用在动词之后，表示动作完成或者事情发生。

例如：她买了一点苹果。

我买了不少衣服。

你看见了几个人？

小明买了一本新书。

小红吃了三个苹果。

动态助词"了"在使用规则上要注意以下几点：

（1）否定形式中，动词后面不用"了"。

例如：我没买苹果。

她没去商店。

我没买。

我没看见张先生。

（2）"她吃了三碗米饭了"和"她吃了三碗米饭"的意义不同。前者表示吃完了可能还会再吃；后者表示动作已经发生。

（3）"了"用在"动词+了+宾语+了"这一结构中，不是表示动作完成，而是表示已经发生的动作或事件的持续，如"我学了一年日语了"。

（4）外国学生在习得"了"的过程中经常出现的偏误是不该用而用了"了"，老师在教学过程中应该注意强调，避免偏误。

例如：＊没有迟到了。

＊他经常迟到了。

*她是了老师。

动态助词"了"多体现在 HSK 一级或 HSK 一至二级过渡阶段，属于《国际汉语教学通用课程大纲》的"HSK 一级语法等级大纲"范围内，它比动态助词"着"、动态助词"过"先出现。因此，在讲完动态助词"了"时，不仅要将其与动态助词"过"和动态助词"了"进行对比分析，总结三种语法的不同含义，而且要将其与语气助词"了"进行区分。

6. 动态助词"了"的教学过程

下面我们以《HSK 标准教程 1》第 14 课为例，详细展示动态助词"了"的教学案例，如表 5-19 所示。

表 5-19　动态助词"了"的教学案例

项目	内容	备注
课堂类型	初级汉语综合课	
教学内容	《HSK 标准教程 1》第 14 课——她买了不少衣服 本课语言点：动态助词"了"（主语+动词+了+宾语）	
教学对象	备考 HSK 一级，已掌握 400 个左右词汇量，并具备简单的听、说、读、写和简单的汉语日常交际能力，在华或海外的母语非汉语的零基础、初级水平学习者	
教学目标	能够掌握动态助词"了"的基本格式；运用动态助词"了"进行对话练习	
教学时间	本语言点共 20 分钟	
教学用具	课件、教材、视频	
教学流程	导入语言点—语言点讲解与归纳—操练—总结—布置课下作业	

表5-19(续)

项目	内容	备注
教学步骤	一、导入语言点（5分钟） 1. 根据动态助词"了"的特点及语用意义，我们采用图片法来讲解"了"的用法。 教师展示很多人在超市购物的图片。 教师：这些人在做什么？ 学生：买东西。 教师：指其中一个女生问：她在买什么？ 学生：她在买西瓜。 教师：我们可以说"<u>她买了一个西瓜</u>"（板书）。 教师：指另外的人，问"<u>这个男生买西瓜了吗</u>"（板书）。 学生：<u>这个男生没有买西瓜</u>（板书）。 2. 根据动态助词"了"的特点及语用意义，我们采用情景举例来讲解"了"的用法。 教师：上周末你去哪了（板书）？ 学生：上周末我去爬山了（板书）。 教师：今天你学了多少个生词（板书）？ 教师：今天我学了十个生词（板书）。 二、知识点讲解与归纳（15分钟） 导入结束后，教师结合板书，对知识点进行归纳。 教师组织学生读板书的例句，总结动态助词"了"的公式： （1）表示肯定：主语+动词+了+数量+宾语。 例句：我买了一本书。 主语+动词+宾语+了 例句：我去超市了。 （2）表示否定：主语+没有+动词+宾语。 例句：我没有买书。 （3）表示疑问：主语+动词+宾语+了+吗/没有？ 例句：你看书了吗？你看书了没有？	教师利用图片法让学生感受动态助词"了"的用法和时态。 教师举例子的时候注重与学生日常生活相结合，适当增加趣味性和灵活性。 教师书写板书时，将动态助词"了"的三种形式进行公式归纳和例句展示，帮助学生记忆和理解。

表5-19（续）

项目	内容	备注
	三、操练（15分钟） 讲解知识点之后，进行相应练习以期及时掌握与巩固。 1. 填写"了"的位置。 （1）昨天我去A书店买B一本书C。 （2）小红下A课B了C。 （3）她买A三杯B咖啡C。 2. 说一说你最难忘的一天。 （1）那一天你去哪了？ （2）那一天你做什么了？ （3）那一天你吃什么了？ （4）那一天你和谁一起出去了？	教师可采用情景法或图片演示法开展动态助词"了"的练习。练习过程应避免枯燥，注重例句贴近学生生活以增强趣味性。
	四、教学总结（5分钟） 总结公式： 表示肯定：主语+动词+了+数量+宾语 例句：我买了一本书。 主语+动词+宾语+了 例句：我去超市了。 表示否定：主语+没有+动词+宾语 例句：我没有买书。 表示疑问：主语+动词+宾语+了+吗/没有？ 例句：你看书了吗？你看书了没有？	教师运用归纳法、对比法和归类法等总结动态助词"了"。 坚持精讲多练原则。
	五、布置课下作业（5分钟） 1. 同桌之间运用动态助词"了"进行交际练习。 （1）上周末你去哪儿了？ （2）你去那儿做什么了？ （3）你昨天晚上/今天早上吃什么了？ （4）这个月你买什么东西了？ （5）今天你学了多少个生词？ 2. 运用动态助词"过"，写一篇小作文。 题目：最有意思的一天。 你还记得你过得最有意思的一天吗？那一天你去哪儿了？在那儿做什么了？买什么了？吃什么了？遇到什么有意思的人和事？	作业布置注重多方面的练习。作业形式应多样——口语表达和写作结合。

第六节　复句教学范例

复句是由两个或两个以上意义密切相关，结构互不包含的分句组成的句子。甲分句不是乙分句里的一个成分，乙分句也不是甲分句中的一个成分（分句没有完整、独立的句调，单句则有完整、独立的句调）。根据《国际汉语教学通用课程大纲》，复句分为：并列复句、连贯复句、选择复句、条件复句、递进复句、转折复句、紧缩复句、目的复句等。下面对重点复句进行说明。

一、条件复句

条件复句是由两个有条件关系的分句组成，前一个分句提出一个条件。后一个分句说明这种条件下产生的结果。常用的关联词有"只要……就……""只有（除非）……才……""无论/不管……都/也……"。区别在于，有的是充分条件，有的是必要条件，这里举两个例子。

"只要……就……"表示足够条件（在形式逻辑中称充分条件），"只要"后面是必要条件，"就"后面是其结果，即有这个条件就会产生后一个分句指出的结果，但并不排除在别的条件下也会产生这样的结果。主语可以放在"只要"前，也可以在"只要"后，如果有两个主语，要放在"就"的前边。

例如：（1）只要我有时间，就一定会去找你。

（2）只要你给我买，我就能照顾它。

"只要……就"具有一定的假设性，一般只用在复句中。

例如：（1）只要天气好，我们就去爬山。

（2）只要你经常锻炼，身体就会慢慢好起来的。

"只有……才……"则表示唯一的条件，除此之外其他条件都不满足。后一个分句通常用副词"才"，有时候也会用"还"。

例如：（1）只有我才最了解他的脾气（只有+名词）。

（2）只有在最紧急的情况下，才能动用这笔钱（只有+介词）。

（3）只有改变以前的学习方法，才能进步（只有+动词）。

（4）只有你去请，他才回来（只有+分句）。

注意以下三个例句中"只有"的区别：

（1）你只有从头开始才能学好（只有+连词）。

（2）你只有采取这个办法了（只有+副词）。

（3）你只有这一个办法了（只+有）。

下面我们以《HSK 标准教程 3》第 20 课为例，详细展示"只有……，才……"句型的教学案例，如表 5-20 所示。

表 5-20 "只有……，才……"句型的教学案例

项目	内容	备注
课堂类型	初级汉语综合课	
教学内容	《HSK 标准教程 3》第 20 课——我被他影响了 本课语言点："只有……，才……"句型	
教学对象	已掌握 1 000 个左右词汇量，并具备一定听、说、读、写和汉语日常交际能力，在华或海外的母语非汉语的初、中级水平学习者	
教学目标	能够用"只有……，才……"句型来表达某种情况出现的条件和结果	
教学时间	本语言点共 25 分钟	
教学用具	课件、道具（图片、书）	
教学流程	导入语言点— 语言点讲解和操练—语言点拓展练习—布置课下作业	
教学步骤	一、导入语言点（5 分钟） 教师展示准备好的情景，帮助学生理解：马克放学回家，拿出包里的钥匙，他发现只有一把紫色的钥匙，红色钥匙不见了，马克非常着急，为什么？ 教师引导学生说出目标句：只有红钥匙才能打开门（只有+名词）。 教师继续引导：马克走进家门，看到桌上是妈妈做的饭，马克一下就高兴起来了，这时他说什么？ 学生：只有妈妈做的饭，我才爱吃（只有+名词）。 教师继续引导：马克吃完饭想看会儿电视，妈妈叫他先去写作业，这时妈妈说什么？ 学生：只有写完作业，你才能看电视（只有+分句）。	教师可使用列举法引导学生说出语言点。

表5-20（续）

项目	内容	备注
	教师接着引导：快 12 点了，马克还在看电视，妈妈叫他早点睡觉，这时妈妈说什么？ 学生：只有早点睡觉，才能休息得好（只有+动词）。 教师板书展示以上例句，利用归纳法将"只有……才……"结构总结出来，帮助学生强化记忆。 二、语言点讲解和操练（10 分钟） 1. 教师带领学生重复该目标句，进一步说明连贯复句的结构和意义。 2. 教师讲解："只有……"连接的是一个条件复句，"只有"后边是唯一的条件，"才"后边是在这个条件下才会出现的结果。例如：只有爱，才能让人变化。 3. 教师继续给出情景，要求学生说出句子。 教师：你们去过长城吗？ 学生：去过。 教师：什么时候去的？ 学生：我在中国留学的时候去的。 教师：在美国的时候，你去过长城吗？ 学生：老师，长城在中国。 教师：那我们可以说什么？ 学生：只有在中国，才能去长城玩儿（只有+介词）。 4. 教师要注意区分"只要……就……"和"只有……才……"。 "只要……就……"中出现的条件是使结果出现的必要条件，"只有……才……"中出现的条件是使结果出现的唯一条件。 教师可通过具体例句进行区分，展示如下： 只要有钱，我们就能去旅行。 只要有时间，我们就能去旅行。 只要有机会，我们就能去旅行。 只要会开车，我们就能去旅行。 教师：我们什么时候能去旅行？ 学生：有钱的时候；有空的时候；有机会；会开车的时候。 教师：有钱的时候能去旅行吗？ 学生：可以。 教师：有机会能去旅行吗？	教师书写板书时，最好各目标句结构要上下对应，并运用归纳法得出复句的结构。 教师注意对比展示： 只有+名词； 只有+动词； 只有+介词； 只有+分句。

表5-20（续）

项目	内容	备注
	学生：可以。 教师：所以我们去旅行可以有很多条件——钱，时间等，只要满足一个就可以去旅行。有很多条件可以实现动作或行为的情况，我们用"只要……就……"。 教师继续展示例句： 只有爸爸同意，我们才能去旅行。 教师提问：那么请看，现在呢？有钱可以去旅行吗？ 学生：不可以。 教师：为什么？ 学生：只有爸爸同意才可以。 教师：所以，现在我们能去旅行的唯一条件是爸爸同意。他同意就可以，不同意就不行。有钱、有时间都不行。只有一个条件可以实现动作或行为的情况，我们用"只有……才……"。 5. 语言点操练。 教师给出练习，请学生用"只要……就……"或"只有……才……"填空。 （1）老师的话，他＿＿＿＿听。 （2）＿＿＿＿＿有空，我＿＿＿＿陪爸爸聊天儿。 （3）其他同学都跑得慢，＿＿＿＿＿玛丽去比赛，我们班＿＿＿＿能拿第一名。 （4）＿＿＿＿＿＿是中国电影，我＿＿＿＿很喜欢。 三、语言点拓展练习（8分钟） 以下练习方式可供教师选择。 1. 连词成句。 教师给出几组提示词语，要求学生用"只有……才……"说句子： 送她礼物，她能高兴。 按时吃药，感冒能好。 认真复习，考试成绩能高。 引导学生说出目标句： （1）只有送她礼物，她才能高兴。 （2）只有按时吃药，感冒才能好。 （3）只有认真复习，考试成绩才能高。 教师领读例句，并请个别学生读注意发音。	教师帮助学生强化理解"只有"后的条件有多种形式。 "被"字句也是本课的重点语法，这里一并练习。

表5-20（续）

项目	内容	备注
	2. 看图完成对话。 教师展示准备好的图片，给出情景引导学生完成对话。 情景一：妈妈拿走了玛丽的手机，说考得好给她。 教师：玛丽的手机还能玩游戏吗？ 学生：不能，她的手机被妈妈拿走了。 教师：那她什么时候才能玩游戏？ 学生：只有她考得好，才能玩游戏。 情景二：大卫拿着信用卡，爸爸不担心。 教师：爸爸的信用卡呢？ 学生：爸爸的信用卡被大卫拿走了。 教师：大卫拿着信用卡，爸爸不担心吗？ 学生：只有大卫拿着信用卡，爸爸才不担心。 情景三：买到机票，去北京。 教师：快到暑假了，你不想去北京旅游吗？ 学生：想啊，但是机票卖完了。 教师：你可以坐火车去啊。 学生：只有买到机票，我才去北京。 情景四：他们7点坐地铁，不会迟到。 教师：他们7点起床。 学生：太晚了，他们会迟到的。 教师：那他们几点坐地铁呢？ 学生：他们只有7点坐地铁，才不会迟到。 3. 一问一答。 教师给出问题，要求学生先思考并用"只有……才……"回答。 问题1：你怎么学汉语学得这么认真？ 学生：只有学好汉语，才能找到好工作。 问题2：你最近怎么每天都去图书馆？ 学生：快期末考试，只有认真复习，才能取得好成绩。 问题3：你怎么又出去跑步啊？ 学生：医生说只有跑步，身体才能越来越好。 教师可对学生的偏误及时纠正。	本语法点教学以情景法为主。

表5-20（续）

项目	内容	备注
	4. 小组活动。 3~4人一组，讨论以下比赛。如果班级中只能选1人去，选谁比较好。请用本课所学的"只有……才……"进行对话。 | 比赛	人
---	---
1. 跳步比赛	只有马可参加，红队才能拿第一名。
2. 游泳比赛	
3. 汉字比赛	
4. 唱歌比赛	
5. 跳舞比赛	
6. 爬山比赛	| 学生参照例句，一一完成并进行讨论。 四、布置课下作业（2分钟） （略）	建议课后作业增加书写练习。

二、递进复句

递进复句也是由两个或两个以上的分句相连，后面分句表示的意思更进一层。分句之间的顺序固定，不能随意变动。递进复句必须使用关联词，常用的关联词有"不但……而且……""不仅……而且……""尚且……何况……"等。"不但……而且……"连接两个并列分句，除了所表达的意思之外，还有进一步的意思。

1. 两个分句的主语相同时，"不但"多放在主语后；主语不同时，"不但"多放在主语前。

例如：（1）她不但做菜好吃，而且人也漂亮。

（2）不但他擅长打羽毛球，而且他的朋友也都擅长。

2. "不但……而且……"还可以连接名词名词性成分或介词短语。

例如：（1）不但所有学生，而且几乎所有家长都参加了这次室外活动。

（2）不但在全班，而且在全校都开展了知识竞赛。

3. 前一个分句表示否定，后一个分句表示肯定，用"反而"呼应。

例如：这样做不但不会解决问题，反而增加矛盾。

但是，需要注意的是"不但"有时候可以省略，"而且"不能省略。

例如：矛盾解决了，而且我们的关系也越来越好。

下面我们以《HSK 标准教程 4》上第 1 课为例，详细展示"不仅……，也/还/而且……"句型的教学案例，如表 5-21 所示。

表 5-21　"不仅……，也/还/而且……"句型的教学案例

项目	内容	备注
课堂类型	初级汉语综合课	
教学内容	《HSK 标准教程 4》上册第 1 课——简单的爱情 本课语言点："不仅……，也/还/而且……"句型	
教学对象	已掌握 1 200 个左右词汇量，并具备一定听、说、读、写和汉语日常交际能力，在华或海外的母语非汉语的中级水平学习者	
教学目标	能够用"不仅……，也/还/而且……"句型来表示更进一层的意思	
教学时间	本语言点共 25 分钟	
教学用具	课件、道具（卡片、照片、红色苹果）	
教学流程	导入语言点— 语言点讲解—语言点拓展练习—课文模仿练习—布置课下作业	
教学步骤	一、导入语言点（5 分钟） 1. 教师根据学生实际情况，提问导入。 教师：你喜欢什么运动？踢足球还是打篮球？ 学生：我喜欢踢足球，也喜欢打篮球。 教师：用"不仅……，还……"怎么说？ 学生：我不仅喜欢踢足球，还喜欢篮球。 教师展示目标句，注意突出主语，示意学生只有一个主语。 教师继续引导：麦克喜欢打篮球，还有谁也喜欢打篮球？ 学生：玛丽。 教师：不仅马克喜欢打篮球，玛丽也喜欢打篮球。 教师展示目标句，注意突出主语，示意学生有两个主语。	教师可注意提醒学生以下情况：有一个主语时，"不仅 + 主语"；有两个主语时，"主语 1+不仅"。

表5-21（续）

项目	内容	备注
	2. 教师利用热身1中的图片进一步操练 教师：你喜欢看爱情电影吗？你看过《罗密欧与朱丽叶》吗？ 学生：我看过《罗密欧与朱丽叶》。 教师：你还看过哪些电影？ 学生：我还看过《泰坦尼克号》 教师：用用"不仅……，还……"怎么说？ 学生：我不仅看过《罗密欧与朱丽叶》，还看过《泰坦尼克号》。 教师：麦克看过《泰坦尼克号》，还有谁看过？ 学生：山本也看过。 教师：那可以怎么说？ 学生：不仅麦克看过《泰坦尼克号》，山本也看过。 图5-2　电影海报 （资料来源：《HSK标准教程4》上册第1课热身） 教师要求学生2人一组，进行问答练习。 二、语言点讲解（7分钟） 1. 教师带领学生重复读以上例句，注意纠正发音。 2. 教师讲解："不仅"，连词，用在第一个分句里，第二个分句里常用"也/还/而且"相呼应，表示除第一个分句所说的意思之外，还有更进一层的意思。当分句的主语相同时，"不仅"在主语后；当主语不同时，"不仅"在主语前。 教师板书展示以下结构： 主语+不仅……，也/还/而且…… 不仅+主语1……，主语2+也……	教师可充分利用教材课前热身练习引导出语言点。 教师书写板书时，最好各目标句结构要上下对应，运用归纳法得出复句的结构。

表5-21（续）

项目	内容	备注
	三、语言点扩展操练（7分钟） 以下练习方式可供教师选择。 1. 补全对话。 教师要求学生两两一组，一问一答补全对话： （1）A：为什么大家都喜欢李老师？ B：他不仅有耐心，而且课上得很好。 （2）A：我不了解他是个什么样的人。 B：不仅你不了解，我也不了解。 2. 看图说句子。 师生拿出准备好的图片和实物，要求学生用"不仅……，也/还/而且……"回答问题。 教师展示公园的图片。 教师：他们在公园里做什么？ 学生：有人在散步，有人在放风筝 教师：用"不仅……，也/还/而且……"怎么说？ 学生：公园里不仅有人在散步，也有人在放风筝。 公园里不仅有人在散步，而且有人在放风筝。 公园里不仅有人在散步，还有人在放风筝。 教师可对学生的错误及时纠正，尤其注意主语位置。 教师展示明星的图片。 教师：你们认识他吗？ 学生：认识。 教师：你觉得他怎么样？ 学生：他不仅长得高，而且长得帅。 教师可对学生的错误及时纠正，尤其注意主语位置。 教师拿出事先打印好的图片，图中超市商品打折。 教师：你们看，这是哪儿？ 学生：这是超市。 教师：超市的东西怎么样？ 学生：超市的东西不仅很丰富，而且很便宜。 3. 问答练习。 教师根据学生情况进行提问，学生用"不仅……，也/还/而且……"回答： 你会做中国菜吗？会做几道？ 你去过云南吗？你觉得云南怎么样？ 你觉得西安的冬天怎么样？	教师可多准备一些图片，引导学生说完后，可组织学生互相提问。

表5-21（续）

项目	内容	备注
	4. 小组活动 3~4 人一组成"夸夸团"，每人用"不仅……，也/还/而且……"夸其他三位同学，请将他们的优点填写在表格中，并互相说一说。 表格： 姓名 / 优点1 / 优点2 1 2 3 四、课文模仿练习（5分钟） 1. 快速阅读，教师提问：孙月和王静在谈论谁？ 2. 教师领读课文两遍，再要求学生回答以下问题。 （1）王静和他男朋友是一个班吗？ （2）王静觉得他男朋友怎么样？ 3. 教师给出提示要求学生角色扮演编排对话。 4. 教师要求学生根据提示复述课文。 五、布置课下作业（1分钟） （略）	本课话题是"爱情"，学生若愿意，可分享认识男、女朋友或另一半的经历。 本课的课后作业可结合文化点——七夕节进行。

三、转折复句

转折复句表示前一分句 A 先说一面，后一分句 B 不是顺着 A 的意思说，而是在 A 的基础上推出预设。这个预设与分句 A 相对、相反或部分相反。常用的关联词有："尽管……还……""但是""反而""其实"等。关联词"其实"表示事情或情况是真实的，用在动词或主语前。

1. 引出和前一句相反的意思，有更正前一分句的作用。

例如：这些花儿看起来像真的一样，其实是画的。

2. 表示对前一分句的修正或补充。

例如：我只知道他会说汉语，其实他的俄语也挺好的。

下面我们以《HSK 标准教程 4》第 2 课为例，详细展示转折复句"尽管……，但是……"的教学案例，如表 5-22 所示。

表 5-22 转折复句"尽管……，但是……"的教学案例

项目	内容	备注
课堂类型	初级汉语综合课	
教学内容	《HSK 标准教程 4》第 2 课——真正的朋友 本课语言点：转折复句"尽管……，但是……"	
教学对象	已掌握 1 200 个左右词汇量，并具备一定听、说、读、写和汉语日常交际能力，在华或海外的母语非汉语的中级水平学习者	
教学目标	能够用转折复句"尽管……，但是……"来表示让步转折的意思	
教学时间	本语言点共 25 分钟	
教学用具	课件、道具（一张旧合照）	
教学流程	导入语言点—语言点讲解—语言点拓展操练—课文模仿练习—布置课下作业	
教学步骤	一、导入语言点（5 分钟） 1. 教师根据学生实际情况，提问导入。 教师：你觉得汉语难学吗？你喜欢学习汉语吗？ 学生：汉语比较难学，但是我很喜欢。 教师：用"尽管……，但是……"怎么说？ 学生：尽管汉语比较难学，但是我很喜欢。 教师展示目标句，注意突出"尽管"，示意学生"尽管"和"虽然"意思差不多。 教师继续引导：麦克，你家离学校远吗？你每天怎么上学？ 学生：很远，我每天坐地铁上学。 教师：你坐地铁方便吗？ 学生：我坐地铁很方便。 教师：用"尽管……，但是……"怎么说？ 学生：尽管我家离学校很远，但是我坐地铁很方便。 教师展示目标句，带领学生再次重复读。 教师拿出事先准备好的旧照片问学生。 教师：你们看这是什么？ 学生：这是照片。 教师：你们觉得它怎么样？ 学生：它太久了。	教师可充分利用教材课前热身练习引导出语言点。 教师可适当提醒学生"尽管……，但是……""尽管……，可是……""尽管……，还是……"的意思差不多。

表5-22（续）

项目	内容	备注
	教师：尽管它很久了，但是我一直留着。 教师：看这个传红色衬衣的是我的好朋友。 学生：你们认识多长时间了？ 教师：尽管认识十年了，我们还是经常联系。 此处，提醒学生"但是"和"还是"的意思差不多。 2. 教师板书展示目标句，重点标注"尽管……，但是……"。 二、语言点讲解（8分钟） 1. 教师带领学生重复读以上例句，注意纠正发音。 2. 教师讲解："尽管"是连词，表示让步。一般用在复句的前一分句，提出一个事实，后一分句常与"但是、可是、还是"搭配使用，表示并不因为前面的事实而不成立。 "尽管……，但是……""尽管……，可是……""尽管……，还是……"意思差不多。 3. 教师引导学生完成对话。 他尽管写得很慢，＿＿＿＿＿＿＿。（但是） A：你们俩才刚认识吧？ B：＿＿＿＿＿＿＿＿。（尽管） A：您对北京的气候还习惯吗？ B：＿＿＿＿＿＿＿＿。（尽管） 三、语言点扩展操练（8分钟） 以下练习方式可供教师选择。 1. 师生问答练习。 教师要求学生根据实际情况回答问题。 问题1：父母总要求你做很多很多不喜欢的事情，你会听他们的话吗？ 学生：尽管我不喜欢做，但我会听他们的话。 问题2：你收过让你感动的生日礼物？贵重吗？ 学生：尽管礼物不算贵重，但我会很感动。 问题3：麦克今天病了，麦克来上课了吗？ 学生：尽管麦克生病了，但是他来上课了。 问题4：今天很冷，玛丽穿得多吗？ 学生：尽管今天天气很冷，但玛丽穿得不多。 问题5：李老师工作很忙，但他每周都去打篮球吗？ 学生：尽管李老师工作很忙，但他每周都去打篮球。	注意偏误，学生容易出现偏误的地方可适当纠正。

表5-22（续）

项目	内容	备注
	问题6：马克刚来中国，他适应这里的生活了吗？ 学生：尽管马克刚来中国，但他已经适应了这里的生活。 2. 看图说句子。 师生拿出准备好的图片功实物，要求学生用"尽管……，但是……"回答问题。 （1）教师展示一件标价为一万元的衣服图片。 教师：这件衣服怎么样？好看吗？ 学生：好看，但是太贵了。 教师：用"尽管……，但是……"怎么说？ 学生：尽管这件衣服很好看，但是太贵了。 （2）教师展示一个很高的人的图片。 教师：他个子高吗？ 学生：他个子很高，但是太瘦了。 教师：用"尽管……，但是……"怎么说？ 学生：尽管他个子很高，但是太瘦了。 教师可对学生的错误及时纠正，尤其注意主语的位置。 3. 完成对话。 学生根据句子意思，连线组成5个完整的句子。	教师可多准备一些图片，在引导学生说完后，可组织学生互相提问。

尽管	但是
1. 麦克说这件事他也没把握	A. 最后还是没来
2. 他说这周会回来的	B. 孙月还是非常爱他
3. 他常常发脾气	C. 坐公交车很方便
4. 西安的冬天很冷	D. 玛丽还是相信他可以
5. 超市离我家比较远	E. 我们已经非常适应了

4. 双人活动。
教师组织学生两两一组，互相了解双方的好友情况，完成调查表。

教师可鼓励学生积极互动。

序号	问	答
1	你有中国（好）朋友吗？	
2	你们是怎么认识的？认识多久？	
3	他/她的性格怎么样？	
4	你们经常联系吗？	
5	他/她长什么样子？	

表5-22(续)

项目	内容	备注
	学生讨论结束后，教师要求学生用"尽管……，但是……"来描述学生的中国（好）朋友。 5. 小组活动。 请用"尽管……，但是……"向小组成员介绍你的好朋友，要求至少用下面的四个结构。 | a. 共同的爱好和习惯	e. 当我遇到困难的时候
---	---
b. 认识很长时间了	f. 语言不通
c. 我们还是经常联系的	g. 及时给我帮助
d. 我们已经好久没联系了	h. 真正的友谊 | 四、课文模仿练习（3分钟） 1. 快速阅读，教师提问：孙月和王静在谈论谁？ 2. 教师领读两遍课文，再要求学生回答以下问题。 （1）孙月和王静在谈论谁？ （2）你觉得什么是真正的朋友？ 3. 教师给出提示要求学生角色扮演编排对话。 五、布置课下作业（1分钟） （略）	

四、紧缩复句

紧缩复句是由两个或两个以上中间没有语音停顿、互相不作句法成分的句法结构（紧缩结构），带上一个特定的语调构成，即原来是一个比较长的复句，因为各种各样的原因，缩短成一个较短的句子。下面介绍两种紧缩复句句型。

1. 越 A 越 B

"越"是在格式中起到关联作用的程度副词，两个"越"将前后分句连接起来，表示 B 随着 A 在时间、数量、程度等上的变化而变化。

（1）A 和 B 主语不同。

例如：走得越近，我们越看不清楚。

她说得越多声音越小，我们越听不清楚。

（2）A 和 B 的主语相同。

例如：这件衣服我越看越喜欢。

（3）"越来越……"表示随着时间的推移程度发生变化。只能有一个主语。

例如：最近天气越来越热。

2. 一……就……

"一……就……"连接两个分句，表示一个动作或情况紧接着发生另一种动作或情况。"一……就……"句式情况分以下几种：

（1）主语相同。

例如：上高中的时候我一坐汽车就吐。

（2）主语不同。

例如：太阳一升起，我们就出发吧。

（3）主语不明。

例如：一看就会、一碰就疼、一听就笑。

下面我们以《HSK 标准教程 4》的第 20 课为例，详细展示紧缩复句"一……，就……"的教学案例，如表 5-23 所示。

表 5-23　紧缩复句"一……，就……"的教学案例

项目	内容	备注
课堂类型	初级汉语综合课	
教学内容	《HSK 标准教程 4》第 20 课——路上的风景 本课语言点：紧缩复句"一……，就……"	
教学对象	已掌握 1 200 个左右词汇量，并具备一定听、说、读、写和汉语日常交际能力，在华或海外的母语非汉语的中级水平学习者	
教学目标	能够用紧缩复句"一……，就……"来表示事情紧接着发生，以及表示"要是……，就……"	
教学用具	课件、道具（水杯、书）	
教学时间	本语言点共 25 分钟	
教学流程	导入语言点— 语言点讲解和操练—语言点拓展练习—偏误纠正—布置课下作业	
教学步骤	一、导入语言点（5 分钟） 方式一：视频导入，教师播放一段相关视频，并向学生提问。 方式二：情景导入，问学生放学后做什么？引导学生说出目标句"我一回家就吃饭/睡觉/看电视"。	

表5-23（续）

项目	内容	备注
	1. 教师板书例句。 2. 教师提问。 教师：你计划什么时候回国？ 学生：放假以后。 教师：用"一……，就……"怎么说？ 学生：我计划一放假就回国。 教师：你大学毕业后想先工作还是考研？ 学生：我想先工作。 教师：用"一……，就……"怎么说？ 学生：我想一毕业就工作。 3. 教师继续引导学生重复该句，并板书展示，标准重点词"一……，就……"。 二、语言点讲解和操练（8分钟） 1. 教师要先解释"一……就……"句式的基本语义：表示做完一个动作之后紧接着做第二个动作，可以用"一 +动词1+就+动词2"来表示。 例如： （1）马丁一下课就去打篮球。 （2）爸爸一吃完饭就看电视。 （3）等妹妹一回来我就告诉她。 2. 学生掌握了"一……就……"的基本语义之后，教师引导学生了解其他语义。 教师：同学们觉得哪个汉字最简单？ 学生：一／二／上／下…… 教师：这个汉字很简单，我们一学就会。 教师：大家有的时候喜欢做什么？ 学生：逛超市／看书／听音乐。 教师：请大家用"一……就……"来回答。 （教师引导学生说出"我一有空就逛超市／看书／听音乐……"） 3. 教师结合板书的例句，进一步补充：动词1是动词2的原因和条件。 4. 教师继续引导学生学习——"一……就……"结构表示"要是……就……"的意思，"一"后面的内容可以是条件，"就"后面表示在前一个条件下产生的情况。两种成分的主语可以相同，也可以不同。	教师可充分利用教材课前热身练习引导出语言点。 教师书写板书时，最好分别目标句结构要上下对应，运用归纳法得出复句的结构。

表5-23（续）

项目	内容	备注
	例如：（1）我一说话就脸红。 （2）妈妈一进房间，他就把手机装起来了。 5. 操练：教师引导学生操练提问。 教师：要是喝多了，你会怎么样？ 学生：我要是喝多了就会头疼。 教师：我一喝多就头疼。 教师：在哪能买到又好看又便宜的衣服呢？ 学生：一到节假日，商场就打折。 三、语言点扩展练习（8分钟） 以下练习方式可供教师选择。 1. 完成句子。 （1）马丁一见到喜欢的人，＿＿＿＿＿＿＿＿。 （2）很多小孩害怕去医院，＿＿＿＿＿＿＿＿。 （3）我特别想买这件衣服，＿＿＿＿＿＿＿＿。 （4）明天我要去上海出差，＿＿＿＿＿＿＿＿。 （5）麦克还是不太适应西安的气候，＿＿＿＿＿＿＿＿。 （6）经理去开会了不在办公室，＿＿＿＿＿＿＿＿。 教师可适当提示学生，帮助学生完成句子。 2. 正误判断。 （1）他一高兴跳起舞来。 （2）一马丁有空就去看电影。 （3）明天你刚到学校就来我办公室。 （4）一提起生病的事，就眼睛发红。 3. 学生接龙。 教师引导学生进行接龙式操练，规则如下： 教师：我一放学就回家。 学生 A：我一回家就（a）。 学生 B：我一（a）就（b）。 学生 C：我一（b）就（c） 学生 D：我一（c）就（d）。 学生 E：我一（d）就（e）。 …… 4. 看图说句子。 师生问答或生生问答，要求学生用"一……就……"回答。	教师可根据教学实际情况考虑是否选用该题型。若学生水平较低，不建议选用该题型进行操练，容易强化学生对错误句型的记忆。

表5-23（续）

项目	内容	备注
	（1）教师展示加油站禁止抽烟的标语。 教师：加油站为什么禁止抽烟？ 学生：因为一遇到火就容易发生危险。 （2）教师展示北京烤鸭的图片。 教师：北京烤鸭很好吃，要是请他吃，他会同意吗？ 学生：他一听要吃北京烤鸭就会同意。 （3）教师展示礼物的图片。 教师：有件事麻烦你，请你帮我把这件礼物送给安娜。 学生：好的，我一下课就去。 5. 社会实践［视频博客（Vlog）形式］。 教师要求学生用"一……就……"拍摄一天的行程。 如：麦克一起床天就下雨了。 他一出门伞就被风吹走了。 他一上公交车就被踩了。 他一回家就看到朋友来了。 …… 四、偏误纠正（3分钟） 教师还要注意"一……就……"的偏误，在练习环节及时发现并适当纠正学生偏误。 1. 遗漏。 误：出车站，就下起雨来了。 改：一出车站，就下起雨来了。 误：一到厦门，美丽的海景把我吸引住了。 改：一到厦门，美丽的海景就把我吸引住了。 2. 误用。 误：他一学了两个月汉语，就能和当地的中国人交流。 改：他才学了两个月汉语，就能和当地的中国人交流。 3. 乱序。 误：一他搬走，我就开始打扫屋子。 改：他一搬走，我就开始打扫屋子。 4. 误加。 误：我时常会听这种歌，一听到就心情不快乐了。 改：我时常会听这种歌，一听到就不快乐了。 五、布置课下作业（1分钟） （略）	Vlog 可根据学生意愿拍摄。若条件受限制，可自选视频片段，要求学生观看后说句子。 建议课后作业增加书写练习。

五、连贯复句

连贯复句表示几个分句在时间上先后相继，事理上先后相承。常用的关联词有"先……然后……""先……再……""……于是……"等。

关联词"于是"表示后一件事情承接前一件事，而后一件事情往往是由前一件事引起的。由此可见，它的前后分句一般要满足两个条件：第一，前分句是引起后分句的原因，表因果关系；第二，后分句紧接着前分句发生，表承接关系。只满足其中一个条件的都不能使用。只满足条件一的，一般使用因果复句，满足以上两个条件的才使用连贯复句。

例如：（1）因为他太忙了，所以没时间运动。

（2）我昨天打电话的时候，她心情不太好，于是我很担心。

分析：例（1）前后两个分句不存在承接关系，只有因果关系。例（2）前后两分句既有因果关系，又有承接关系。

下面我们以《HSK标准教程3》第14课为例，详细展示"先……，再/又……，然后……"句型的教学案例，如表5-24所示。

表5-24 "先……，再/又……，然后……"句型的教学案例

项目	内容	备注
课堂类型	初级汉语综合课	
教学内容	《HSK标准教程3》第14课——你把水果拿过来 本课语言点："先……，再/又……，然后……"句型	
教学对象	已掌握1 000个左右词汇量，并具备一定听、说、读、写和汉语日常交际能力，在华或海外的母语非汉语的初、中级水平学习者	
教学目标	能够用"先……，再/又……，然后……"句型来描述一系列动作	
教学用具	课件、道具（水杯、书）	
教学时间	本语言点共25分钟	
教学流程	导入语言点— 语言点讲解和操练—语言点拓展练习—课文模仿练习—布置课下作业	

表5-24（续）

项目	内容	备注
教学步骤	一、导入语言点（5分钟） 1. 教师利用教材"热身2"的表格导入语言点。 | 时间	事件1	事件2	事件3
---	---	---	---
起床以后 qǐ chuáng yǐ hòu	刷牙 shuā yá	洗脸 xǐ liǎn	吃早饭 chī zǎo fàn
睡觉以前 shuì jiào yǐ hòu			
下课以后 xià kè yǐ hòu			
考试以后 kǎo shì yǐ hòu			
到家以后 dào jiā yǐ hòu			
吃饭以后 chīfàn yǐ hòu			| 教师带领学生认读表格中的时间。 教师：起床以后，你先做什么？ 学生：起床以后，我先刷牙。 教师：再做什么？ 学生：再洗脸。 教师：然后做什么？ 学生：然后吃早饭。 2. 教师引导学生说出目标句。 起床以后，我先刷牙，再洗脸，然后吃早饭。 3. 教师继续引导学生重复读该句，并板书展示，标出重点词"先……，再/又……，然后……"。 二、语言点讲解和操练（7分钟） 1. 教师带领学生重复读该目标句，进一步说明连贯复句的结构和意义。 2. 教师讲解："先""再/又""然后"连接分句，表示承接关系。"先"表述第一种动作、行为，"再"所在分句表述一种紧接着或继续的动作行为。该动作或行为未发生或未实现。"又"也表述一种紧接着或继续的动作行为。该动作或行为已发生或已实现。"然后"用于顺承复句的后一分句的句首，表示接着某种动作或情况之后。"再"都用在主语后面。 3. 教师注意区分："又"表示动作已经发生了，"再"表示动作还没有发生。例如，昨天我先去了商场，又去了花店。今天我要先去商场，再去花店。教师可对应呈现两个例句，以形成对比。教师也可用图示法来展示（见图5-3）。	教师可充分利用教材课前热身练习引导出语言点。 教师书写板书时，最好各目标句结构要上下对应，运用归纳法得出复句的结构。

表5-24(续)

项目	内容	备注
	过去　　　　现在　　　　将来 ◄────────┼────────► 　　　　又　　　　　　再 **图 5-3 "又"与"画"的对比** 4. 操练：教师可继续使用"热身2"的表格提问。 教师：睡觉以前，你先做什么？ 学生：睡觉以前，我先刷牙。 教师：再做什么？ 学生：再洗脸。 教师：然后做什么？ 学生：然后看电视。 教师：那么可以说睡觉以前你做了什么？ 学生：睡觉以前，我先刷牙，再洗脸，然后看电视。 学生可以两两一组互相提问，完成表格。 教师引导最接，呈现以下目标句： （1）睡觉以前，我先刷牙，再洗脸，然后看电视。 （2）下课以后，我先去银行，再去超市，然后去吃饭。 （3）考试以后，我先休息一周，再约朋友看电影，然后去旅游。 （4）到家以后，我先看看电视，再做饭，然后洗澡。 （5）吃饭以后，我先洗碗，再跟妈妈聊天儿，然后出去运动。 **三、语言点扩展练习（9分钟）** 以下练习方式可供教师选择。 1. 看图说句子。 教师利用图片来展示马克的生活作息： 7:00，起床洗漱； 7:30，吃早饭； 8:00，去学校上课； 引导学生说出目标句： 马克早上先起床洗漱，再吃早饭，然后去学校上课。 教师利用图片来展示马克回家所选择的交通方式（火车、飞机、走路）。 学生说出目标句： 他回家前先坐飞机，又坐火车，然后走路。	此处也可采用表格，展示多人生活作息。

表5-24（续）

项目	内容	备注
	2. 完成对话。 师生问答或生生问答，要求学生用"先……，再/又……，然后……"回答问题。 问题1：下课以后你想做什么？ 问题2：下个星期我们去北京旅游，你想去哪儿？ 问题3：这个周末你打算做什么？ 教师可及时纠正学生的错误，尤其注意"再"和"又"的偏误。 3. 看动作说句子。 教师拿出准备好的道具，做出一系列动作，如教师拿出水杯，看了看并喝了一口水。 教师要求学生说出目标句： 老师先拿出水杯，又看了看，然后喝了一口水。 接下来可让学生做动作，他的同桌说句子。 4. 教师展示西安市地铁路线图，要求4人一小组，制订周末游玩路线。 要求：每人至少选择两个地铁站点，用"先……，再/又……，然后……"来描述乘车路线。 教师展示西安地铁站的路线图。 例如：从大明宫到桃花潭，先坐四号线到五路口，再换一号线到通化门，然后坐3号线到桃花潭。 5. 小组活动。 3~4人一小组，讨论如何解决以下问题：怎么把羊、花儿、老虎送到河对面，一次只能送一个，且老虎吃羊，羊吃花儿。比一比哪组解决问题最快、步骤最少。请用"把"字句和"先……，再/又……，然后……"。	若教室受限制，可采用事先准备好的视频片段，要求学生观看后说句子。 教师可进行指导帮助。

步骤	怎么办
1	我先把……送过去
2	再……
3	然后……
4	
5	

表5-24（续）

项目	内容	备注
	6. 社会实践 每个学生选一道最喜欢的中国菜，如西红柿炒鸡蛋。学做这道菜，并拍成视频，要求学生用"把"字句和"先……，再/又……，然后……"说出做菜的步骤，例如：我先把西红柿切成块，再把油倒进锅里，然后把鸡蛋炒熟。 四、课文模仿练习（3分钟） 学生快速阅读，教师提问：水果饭简单吗？ 教师领读两遍课文，再要求学生回答以下问题： （1）做水果饭时要先做什么？ （2）在做什么？然后做什么？ 3. 教师给出提示，要求学生复述课文。 4. 课文模仿实践（参考"社会实践"练习）。 五、布置课下作业（1分钟） （略）	 建议课后作业增加书写练习。

▶拓展阅读：复句等级划分

《汉语水平等级标准与语法等级大纲》根据不同难度的复句将复句分为甲、乙、丙、丁四个级别。其中甲、乙适合初、中级。

1. 甲级复句

初级水平的学生掌握甲级复句（见表 5-25），关联词简单，数量较少。

表 5-25　甲级复句及常用关联词语

类型	常用关联词
并列复句	一边……，一边……；也/又
承接复句	先……，再
递进复句	不但……，而且……
因果复句	因为……，所以……；因此；只好
选择复句	是……，还是……；还是
转折复句	虽然……，但是（可是）……；但是

表5-25（续）

类型	常用关联词
假设复句	要是……，就……；就
紧缩复句	一……就……；也

2. 乙级复句

初、中级学生掌握乙级复句（见表5-26），比甲级复句多条件、目的、让步三类。

表5-26　乙级复句及常用关联词语

类型	常用关联词
并列复句	既……，又（也）……；一方面……，一方面……
承接复句	先……，然后（接着）；……于是
递进复句	不但……，而且……；不但……，还（也）……；更；还
选择复句	或者（或）……，或者（或）……
条件复句	只有……，才……；只要……，就……； 不管（无论）……，也（都）……；既然……，就……
假设复句	没有……，就没有（不）……；如果……，就……；否则
转折复句	尽管……，但是（可是、然而、还是）……；可是（可）；不过
目的复句	为（了）；为的是
因果复句	由于；是由于；因此
让步复句	哪怕……，也（都）；就是……，也……
紧缩复句	越……越……；不……不……

第七节　本章小结

本章针对对外汉语的重点语法进行了教学案例分析。教师模拟真实的对外汉语语法教学课堂，对每一个重点语法进行案例讲解展示，从课前准备、课堂教学以及课后作业三大方面进行案例展示。在课前准备环节，本章从课堂类型、教学内容、教学对象、教学目标、教学用具、教学时间和教学流程这几个方面进行了阐述；教学步骤包含了导入语言法、讲解语言点、举例、练习等环节；课后作业针对以上教学案例的描述，对可能会出现的偏误以及教学重难点进一步解释，帮助学生在学习过程中尽可能地规避错误。

对外汉语重点语法教学案例范例是本书的重要章节，通过前三章内容的梳理，在本章以真实的对外汉语教学课堂为基础，进行案例分析，可以作为国际中文教师教学和教学反思的参考。

第六章　对外汉语重点语法教学总结与反思

第一节　对外汉语重点语法教学的总结

一、教师方面

　　教师在对外汉语重点语法教学中起着至关重要的作用。对外汉语重点语法教学在原则中提到过教师和学生的关系：以学生为中心、教师为主导，即在教师的指导下充分发挥学生的主动性和积极性。教师与学生之间的关系不是单向的，而是双向的、互动的。教师影响学生，学生也会影响教师。学生在教师的教学过程中能得到进步，教师也同样得到收获，做到"教学相长"。重点语法教学案例中，教师通过为学生提供语言情景，引导学生理解语法点真正的含义和用法，再通过学生造句观察学生是否真正掌握和理解该语法点，同时如果学生在造句时出现偏误，也引发教师思考该如何帮助学生纠正偏误。

　　教师与学生的互动作用首先表现在课堂教学活动中，不是教师或学生一方的活动，也不可能是教师对学生单向的活动。在真实的对外汉语课堂，既有教师讲解和提问给学生提供的刺激，也有学生以操练和回答做出的反应。教师就学习结果给学生提供反馈信息。在获得反馈的基础上，学生改进了的学习和教师调整后的教学又成为新的反应。师生之间如此不断地互动往复，把教与学的活动不断推进。在对外汉语重点语法教学中，教师应该注意：①课堂语言。教师课堂语言作为特定教学类型中的一种语言表现形式，既是一种教学工具又是一种教学目的，其自身具有特殊性和内在的规定性。教师应该在课堂上有意识地调整自己的语言，使之适合学生的真实语言水平，只有这样才能使教师自身的语言输出保持最大程度上的有效性。在第五章的案例展示中，根据教师与学生对话的方式，总结在对外汉语教学中教师语言具有：非自由性、示范性、灵活性。非自由性体现在根据学生的真实水平选择例句或描述情景。词汇和语句尽可能再现已学过的内容，语速语调适当夸张和放缓，语法结构上尽量使用简单的单句或者是有明显标志的复句。示范性体现在教师备课时重点准备得当的例句和情景。适当运用体态语也可以帮助学生理解。板书也应该规范得体，起到很好的示范作用。教师的语音标准、课堂用词精确、书写规范以及体态语运用恰当，这些都会对学生的学习产生良好的示范作用。灵活性则体现在真实课堂很多情景并不是教师备课时出现的，如：学生造句时，话题的扩展；学生突然提问，对问题的讨论等，教师应该根据实际情况，灵活应变。②课堂提问。课堂上教师要经常提问，问答是语言交际中最常用的会话形式，不仅有利于培养学生的语言交际能力，同时问答方式又是启发式教学的重要手段。例如：在"把"字句教学中，教师提问以"引导"的方式开展。老师（指着桌上杯子）问："这是什么?""杯子在哪?"；老师拿起杯子，然后放在桌子上："老师在做什么?""现在杯子在哪了?""老师做什么了?"引出学生回答："老师把杯子放在桌子上了。"这种提问的方式，根据学生的思维进行引导，学生掌握后，让学生互相通过问答的方式进行练习。③课堂教学评估。课堂教学的评估非常重要，是教师和学生经常忽视的一个环节。教师通过教学评估总结经验教训，特别是获得学生的反馈以改进教学。学生通过评估反映自己的意见和要求，与教师进一步沟通。因此，在教学过程中，教师以布置口头作业和书面作业的方式，检验学生的学习成果。学生通过作业书写、口语汇报展示、小组合作等及时反馈教学效果。

二、学生方面

除了上述的学生和教师的关系，学生和学生的互动在语言学习过程中也至关重要。首先，学生之间应该是互相帮助、互相学习的关系。语法学习难免枯燥难懂，教师在课堂上可通过各种互动游戏或小组分工，将语法重难点以游戏活动等轻松的方式呈现。例如，第三章案例中，语法"动词+着"的练习作业是猜猜看：教师让一位同学用"动词+着"描述班里另一位同学。全班一起猜猜看他（她）是谁？如：他（她）穿着白色的衣服；他（她）戴着黑色的眼睛；他（她）有着黑色的头发；他（她）今天背着红色的书包；他（她）拿着蓝色的水杯；等等。这种互动就需要全班同学一起配合。其次，学生之间还应该有竞争关系。正当的竞争有助于激发学习动力和拼搏精神。鼓励相互超越，能达到共同提高的目的。课堂上教师会通过分小组竞赛、词汇抢答、造句接龙的方式，激发学生的学习兴趣。教师对课后作业可以适当进行表扬、评比及展示。最后，教学中教师要注意各国学生跨文化交际中的问题。教师需要鼓励不同特点的学生相互影响、取长补短，同时又要在学生中淡化国别意识，一视同仁，努力形成一个学习的整体。

三、教学方面

对外汉语重点语法教学是以外国人为对象，进行从语言到言语的教学与训练，通过讲授用词造句的规则和大量言语技能的操练，使外国人能够听说读写汉语，首先要解决"知其然"的问题。因此，在语法教学过程中，教师应该按照语言教学的五个基本环节：组织教学、复习检查、讲练新内容、巩固新内容、布置课后作业。组织教学有助于稳定学生的情绪，帮助学生集中注意力，还可以增加练习口语的机会。语法教学中的组织教学形式灵活多变，教师可以设计聊天话题，在其中运用之前学习过的语法，潜移默化地融入聊天。复习检查是课上环节，教师采用对上节课作业订正、口头或笔头完成课堂作业的方式，检验学生上节课的学习成果。复习要依照遗忘规律注意复习顺序，形式要多样化，既要复习知识更要复习技能。在此环节，教师可以参考第二章学生常见语法偏误，对其中常错语法以改错的方式帮助学生纠正。讲练新内容，要注重语法教学的精讲多练原则，教师的教学语言不能过难过多，以练代讲。语法教学中，学生练习最开始以机械模仿为主，侧重于掌握语言的结构形式，教师应以旧带新，以易到难，循序渐进。巩固新内容环节的重点是，通过大量的练习，教师为学生的总结，帮助学生从感性认识上升到理性认识。在第三章教学案例中，教师引导学生练习完，会总结该语法点的公式。例如，总结结果补语的公式：肯定式为"动词+动词/形容词（+了）"，如"吃完了，看懂了"；否定式为"没有+动词+动词/形容词"，如"没有吃完，没有看懂"；疑问式为"动词+动词/形容词+了+吗/没有"，如"看懂了吗？吃完了吗"。这是语法教学中归纳法和演绎法的结合。布置课后作业是最后环节，教师根据语法教学内容，灵活布置口头作业和笔头作业。作业内容与课堂中的讲练相配合，与第二天复习环节相呼应，使各个环节组成有机整体。

第二节　对外汉语重点语法教学的反思

一、对外汉语重点语法教学中出现的问题

（一）语法知识应用能力差

语法教学中包含了部分在交际中不用或少用的语法项目，因而语法项目繁多、语法教学量大，语法例子复杂晦涩，从而也导致了语法教学与实用的结合度较差。对外汉语重点语法教学界吸收了现代汉语语法研究的成果并运用于教学实践，但在教学过程中照搬现代汉语语法的理论、方法、体系来进行对外汉语重点语法教学是行不通的，只会让外国学生造句时错误百出，或者出现课堂练习时可以正确表达，课后日常交际中不会正确使用的情况。例如：学生掌握了"把"字句的基本结构，也知道了有些动词不能用于"把"字句，可是在学习过程中多采用回避策略。

（二）对许多语法现象不能完整表述

在对外汉语重点语法教学中，很多外国学生对基本的语法现象不能形成全面完整的印象，学习上也缺乏牢固性。例如：汉语补语中的结果补语、趋向补语、程度补语，以及大量的虚词，比如介词、副词、连词、语气词、助词等，意义复杂，用法灵活，换一种交际句型，有的学生就不知道怎么衔接。出现该问题的原因：一方面是教师对语法项目缺乏总结及巩固练习；第二是许多语法点集中在初级阶段，一定程度上，增加了学习者的难度，不利于巩固复习。

（三）交际应用能力有限

语法应用能力体现在 HSK 中，而交际应用能力则是日常对话交流的体现。交际能力指的是人与人之间运用语言进行信息、思想、情感相互交流的能力。虽然有些学生在课堂上已经准确地掌握了所学的句式，在实际交际中说出的句子，单独来看，也合乎语法，然而与实际语境联系起来却不正确。例如他们会说："因为我病了，所以目前不去上课了"；或有些学生虽然在课堂上掌握了语法知识，但是不知道在什么时候、什么情况下使用。

二、解决方法

（一）教学目标方面

对外汉语重点语法教学目标，首先强调语序教学，使学生能够熟练掌握汉语的语序。语序是汉语重要的表达手段，相同的词语以不同的组合顺序排列，就会表现出不同的语法关系和语义关系。汉语的语序变化非常丰富，教师在教学中设计多种语序的变换，帮助学生充分了解和认识语序变化的各种情形，有助于学生更好地学习语法结构；其次掌握常用虚词的搭配规律和变化形式。教师在教学中总结虚词固定搭配，学生可以背诵和牢记下来，在之后的使用中养成良好的使用习惯；最后也是最重要的，教学要以交际训练为主，使学生能够准确、有意义并恰当地使用语言形式。教师备课时应该从语法、语义和语用三个方面准备。

（二）教学内容方面

对外汉语重点语法教学要教什么？关于这个问题陆俭明指出："一是汉语本身，即汉语中哪些语法点是必须而且急需教给学生的。二是汉语（目的语）和母语在语法上的异同。三是学生在学习汉语过程中出现的语法毛病。"结合《标准》中的语法等级大纲，每一等级可以收集一些语法的重难点，以语法专题的形式集中讲授。例如：第三章的重难点语法案例，就是挑选了外国学生容易出现偏误的重点语法，并进行案例展示。

（三）教学技巧方面

在教学技巧方面，本书第二章详细探讨了对外汉语重点语法教学的方法。在这里针对学生学习语法但不会灵活应用的问题，提出"情景教学"。语法规则都是从一个个典型的语境中总结出来的。与其空讲规则，对学生云里来雾里去地讲解，不如再重新回到情景中去，让学生在真实的情景和语境中自己发现、总结语法规律，从而掌握语法知识。因此，在教学过程中我们可以利用语境或创造语境。本书第三章的案例分析中，语法知识点的导入部分就采用了情景教学法。例如教师补语教学中，在教授"动词+见"，请一位同学，小声告诉他一句话，再问其他同学："你们听见了没有？"学生："我们没有听见。"教师再问该同学："你听见了吗？"这位同学说："听见了。"随后教师让学生们互相练习，自己创设语境练习。

第三节　本章小结

　　本章是对全书对外汉语重点语法教学的总结和反思。总结从三个方面进行，分别是教师、学生和教学。教师方面重点强调在语法教学中的课堂语言、课堂提问和课堂教学评估，教师注重这三个方面，有助于学生学习语法时更容易理解。学生方面主要强调学生之间的合作、竞争，教师合理安排教学活动和作业布置，注意跨文化交际产生的问题，从侧面辅助对外汉语重点语法教学的顺利进行。教学方面重点强调的是语法教学环节。教师备课时，每个环节都应该认真准备，做到环环相扣。反思是针对目前对外汉语重点语法教学常见的问题展开，很多外国学生认为汉语语法很难，学完了也不会很好的应用、表达，因此结合前几章的内容，罗列了相关的解决方案，从而帮助学生更好地学习汉语语法。

参考文献

崔永华，1989. 对外汉语语法课堂教学的一种模式 [J]. 世界汉语教学 （1）：97-104.

赵金铭，1994. 教外国人汉语语法的一些原则问题 [J]. 语言教学与研究 （2）：4-20.

赵金铭，1996. 对外汉语语法教学的三个阶段及其教学主旨 [J]. 世界汉语教学 （3）：76-86.

刘珣，2000. 对外汉语教育学引论 [M]. 北京：北京语言大学出版社.

卢福波，2002. 对外汉语教学语法的体系与方法问题 [J]. 汉语学习 （4）：51-57.

赵金铭，2002. 对外汉语教学语法与语法教学 [J]. 语言文字应用 （1）：107-111.

国家对外汉语教学领导小组办公室，2002. 高等学校外国留学生汉语教学大纲（短期强化） [M]. 北京：北京语言大学出版社.

国家对外汉语教学领导小组办公室，2002. 高等学校外国留学生汉语教学大纲（长期进修） [M]. 北京：北京语言大学出版社.

李大忠，2003. 外国人学汉语语法偏误分析 [M]. 北京：北京语言大学出版社.

李晓琪，2004. 关于建立词汇—语法教学模式的思考 [J]. 语言教学与研究 （1）：23-29.

邵敬敏，罗晓英，2005. 语法本体研究与对外汉语语法教学 [J]. 暨南大学华文学院学报 （3）：10-18.

舒尔茨，2006. 改造传统农业 [M]. 梁小民，译. 北京：商务印书馆.

李泉，2007. 对外汉语语法教学研究综观 [J]. 语言文字应用 （4）：69-76.

程棠，2008. 对外汉语教学目的原则方法［M］. 北京：华语教学出版社.

荣继华，2011. 发展汉语·初级综合 1［M］. 北京：北京语言大学出版社.

杨玉玲，2011. 国际汉语教师语法教学手册［M］. 重庆：重庆教育出版社.

秦杰，徐采霞，2012. "见字明义"教学法在对外汉语语法教学中的应用
　　［J］. 文教资料（13）：44-45.

马燕华，张和生，2013. 对外汉语教学示范教案［M］. 北京：北京师范大
　　学出版社.

彭小川，李守纪，2014. 对外汉语教学语法释疑 201 例［M］. 北京：商务
　　印书馆.

姜丽萍，2014. HSK 标准教程 1［M］. 北京：北京语言大学出版社.

姜丽萍，2014. HSK 标准教程 2［M］. 北京：北京语言大学出版社.

姜丽萍，2014. HSK 标准教程 3［M］. 北京：北京语言大学出版社.

高雪岩，2016. 浙江省寿险需求影响因素的实证研究［D］. 杭州：浙江工
　　商大学.

李泉，2016. 对外汉语教学语法体系：目的、标准和特点［J］. 国际汉语
　　教学研究（1）：45-55.

马志，2016. 对外汉语语法教学中"把"字句的慕课设计研究［D］. 芜湖：
　　安徽师范大学.

黄伯荣，廖序东，2017. 现代汉语（下）［M］. 北京：高等教育出版社.

伍敏娴，2018. 图示教学法在对外汉语初级语法教学中的应用研究［D］.
　　长沙：湖南大学.

王斯静，2020. 情境教学法在对外汉语初级阶段词汇和语法教学中的应用
　　［J］. 汉字文化（17）：181-183.

刘英林，李佩泽，李亚男，2020. 汉语国际教育汉语水平等级标准全球化
　　之路［J］. 世界汉语教学（2）：147-157.

王鸿滨，2021.《国际中文教育中文水平等级标准》中语法等级大纲的研制
　　路径及语法分级资源库的开发［J］. 国际汉语教学研究（3）：23-
　　36，45.

教育部，国家语言文字工作委员会，2021. 国际中文教育中文水平等级标
　　准［M］. 北京：北京语言大学出版社.

金海月，应晨锦，2021. 中文水平等级标准的语法等级大纲研制原则［J］.
　　国际汉语教学研究·（3）：12-22.